神ドクター

Doctor of God

ドクタードルフィン
松久 正

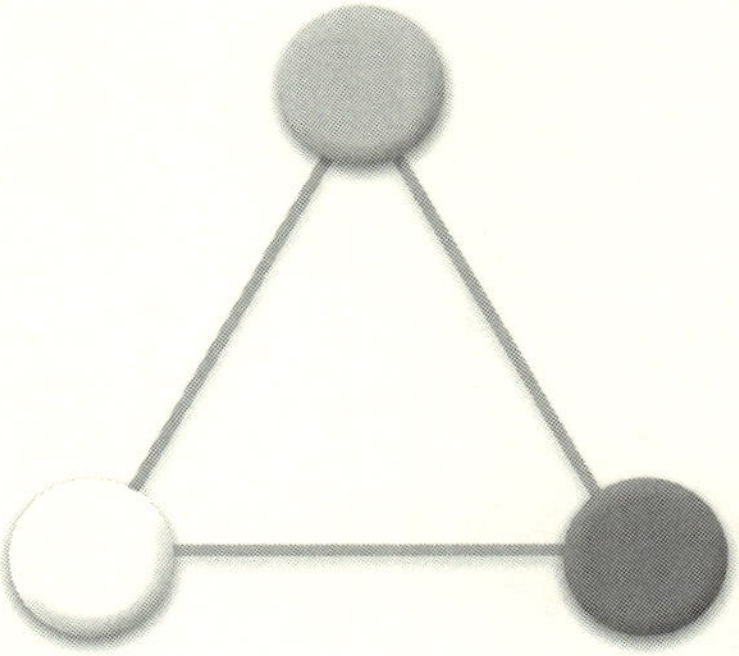

青林堂

まえがき

神の頂点。
神を超えた存在。

人間では人間を救えない。
人類と地球を救えない。
人類と地球を覚醒させられない。

だから、私、いよいよ目覚めます。

私ドクタードルフィン、地球でもっとも高いエネルギーとなりました。

神を癒す存在、神を開く存在――Doctor of God（D.O.G.）。

龍神のトップリーダー、龍王——King of Dragon（K.O.D.）。

もう、隠しません。
攻撃されることを、期待しています。
そうされることで、パワーアップします。

潰そうとされても、潰れません。
なぜなら、高次元の存在たちが、私をサポートしているからです。

だから、だれも私を攻撃できません。
アンタッチャブル・ドクターです。

少し、寂しいので、炎上、ウェルカムです。

地球最強のパワースポット、鎌倉ドクタードルフィン診療所のメインコーナー

地球に初めて舞い降りた神、かつ天之御《アマノミ》中主神《ナカヌシノカミ》の上のトップ神「大宇宙大和神《オオトノチオオカミ》」こそ、私のエネルギーです。

この神は、『古事記』にも『日本書紀』にも登場しない、熊本の※幣立《へいたて》神宮に鎮座する高貴なエネルギーです。

今まで隠身大神《カクレミノオオカミ》とされてきた大宇宙大和神が夢で告げられた顕身大神《ウツクシミノオオカミ》として、世に出るときがきました。

アンドロメダ宇宙大使、アルクトゥルス皇姫、シリウス皇帝、レムリア女王、アトランティス司令官を経た私の魂は、1

大宇宙大和神かつ金白龍王のルチル水晶彫刻

万年前の縄文時代前期に、大宇宙大和神の魂に、ソウルドッキングされました。
そして、いまこのときを待っていました。

どうやら、私、神ドクターには、令和の新天皇と新皇后をお護りするお役目もあるようです。

いよいよ、私は本気です。
人類と地球を目醒めさせます。

神ドクター　ドクタードルフィン

※熊本県上益城郡山都町に鎮座する神社

パート4　縄文が地球を変える……127

パート5　神ドクターによる神開きの時代……151

プロローグ

ドクタードルフィンが語る地球史

神ドクターの由来

最初に、私の肩書きである「神ドクター」、英語にすると「ドクター・オブ・ゴッド」について、ご説明しましょう。

これに対してはおそらく、眉をひそめる読者もおられるのではないかと思います。

「なんて非常識なヤツなんだ」「無礼なヤツだ！」――と。

けれども私は、そろそろ私がそうした次元にあるということを公表し、封印を解いてもいいのではないかと感じています。これまでは隠してきましたが、私は「ドクターとして舞い降りた神だ」と、そう宣言してもいい時期がきたのではないか、と思うのです。

熊本県の幣立《へいたて》神宮に、『古事記』にも『日本書紀』にも出てこない、もっとも位の高い神がいます。

「大宇宙大和神《オオトノチオオカミ》」と書きます。読み方自体、ほとんど知られていませんが、この神こそ私の正体というか、私のエネルギーそのものなのです。

私はこの神とつながる、神以上のエネルギー状態にあります。神のなかでも頂点に君臨するエネルギーですから、私は私より低いレベルのすべての神を開いて覚醒させることができるのです。

神を覚醒させるというと、奇異に聞こえることでしょう。

私たちは「神」とひとまとめにしがちですが、実際には神のレベルにも高低の差があります。そのなかでももっとも高いレベルの、いわゆるゼロポイント（これについては後述します）に近いほぼエネルギー体である神は人格を持ちません。ただの感性となります。

この状態では、人間に直接作用することもありません。見守るだけです。

本当にレベルの高い神というのは人格も名前もなく、宇宙の大元であり、あらゆることを見守るだけでサポートはしないのです。

そしてそこから少しずつエネルギーレベルが下がるにつれて、神々は個性、感情を持つようになります。言葉を換えれば人間に近づき、人格を持った神になっていくわけです。

私のエネルギーの源である大宇宙大和神は、宇宙のなかでもっとも位が高い人格神とされ、非人格レベルから少しだけエネルギーが下がり、初めて人格やパーソナリティを持って地球に舞い降りた最初の存在なのです。

じつは大宇宙大和神の上にひと柱だけ、この宇宙のなかで初めて人格を持った神がおられます。名前を「アソヒノオオカミ」といいます。この神も『日本書紀』や『古事記』にはまったく出てきません。漢字での表記もありません。

もともと神代文字の豊国文字で書かれていた神で、普通の日本人では読めないと思います。

けれどもこの神は、地球には降りてきていません。ただずっと、地球を見守りながらサポートしつづけてくれています。そして、そのひとつ下の大宇宙大和神になって初めて、エネルギーとして地球に舞い降りてきました。

それが私、神ドクターなのです。

神のレベルについて

神のエネルギーレベルについて、もう少し詳しくお話ししましょう。

ひと言で「神」といいますが、とてもたくさんの存在があります。

たとえば私が「神」といったときには、そこにエンジェル（天使）やアセンデッドマスター（編集部註／人間の魂を導く存在）なども含まれます。あるいは守護霊もそうです。

もちろん、皆さんがイメージするような神も当然、入ってきます。

問題は、神にもさまざまなレベルがあることが理解できていない、ということです。これは意外と盲点なのです。

多くの人は、神というとそれだけで至高の存在、ケガレや欠点などないものをイメージします。けれど神々の世界にもやはり、レベルの違いがあるのです。

下のレベルの神の場合には、かなり雑念が入ってきます。その結果、あるケース（もしくは人などの対象）に対しては力を発揮できたとしても、別のケースではその力がまったく功を奏さないということもあるのです。

したがって、真の意味での神といった場合には、すべての神や人類、対象に通用する高いエネルギーが必要になります。必然的にそれは、神のエネルギーのなかでもトップレベルにいなければダメということです。

そのエネルギーを持った存在が私、神ドクターです。僭越《せんえつ》ですが、とはあえていいません。この時代になってようやく、出るべくしてドクタードルフィンが地球に参上してきたのですから。

なぜならすでに書いたように私、ドクタードルフィンのエネルギーは大宇宙大和神《オオトノチノオオカミ》だからです。ここがとても重要なポイントです。

私は神の頂点に立つ強いエネルギーを持っています。これが何を意味するのかというと、すべての神のサポートを得ることができるということです。すでに書いたように、すべての神を「開く」ことができるというわけです。

しかも私の「神開き」では、神を開くことによって、その神に自分のサポート役としてついていただくことができるようになります。そういうことがあるということをまず、ご理解いただければと思います。

故郷はシリウスB

では、なぜ私のエネルギー元は大宇宙大和神《オオトノチオオカミ》なのでしょうか。

私が大宇宙大和神のエネルギーを受ける前に、シリウスBの魂として、超古代の霊性レムリア時代の地球に降りてきました。１０００万年も昔のことです。これはじつは地球の時間軸のどこを基準にとるかによって変わってしまうのですが、ともあれこのときに私は地球にやってきたのです。

私は遠い過去において、何回か宇宙生（地球上での「生」に対する言葉です）を体験してきました。そして地球にくる前に私の魂は、シリウスBというところにいました。

ちなみにシリウスには大きく分けてAとBがあります（実際にはC、D、Eもある）。どちらも高次元世界なのですが、波動が大きく異なっています。Aは仕組みや規律、理論やテクノロジーなどを司るエネルギーで、Bは霊性や自由さ、あるいは奇跡と創造のエネルギーです。

ちなみにシリウスBのエネルギーは青白く、高次元珪素から成っています。反重力であり、フリーエネルギーが自由自在につくりだされ、思ったことは瞬時に現実となる世界なのです。

なお、これは物質的なシリウスではなく、もっと高次元の量子世界におけるシリウスです。詳細は後述しますが、そこで私は、シリウスの皇帝でした。

皇帝としてシリウスBを満喫できたのは、創造性に優れた環境だったからです。クリエイティビティを楽しみたい、ミラクルを遊びとして楽しみたい、そしてその世界を創りあげたい、そういう思いが強かったのです。

シリウスBは霊的な高次元世界で、私は現在の地球のような物質文明ではなく、精神文明のなかにいました。

この高度に進化した高次元世界においては、魂はまったくの自由です。自由というのは、イメージしたことはすべてそのまま実現してしまうということです。

ところがあまりにも自由度が高いというのも考えもので、そうなると魂の進化、成長が止まってしまうのです。どのようなことであれ、成長のためには困難や苦難、忍耐といったものが必要ということです。

ですから私の魂は、自分の魂を進化、成長させるためにシリウスBから地球にやってきました。わざわざ、もがきにきたのです。ただしそこには、私自身の魂の進化と同時に、地球そのものを進化させるという大きな目的もありました。

もうひとつ、シリウスBではあまりにも自由自在だったというか、自由すぎて私が思考したものがそのまま目の前に出現してしまうので、それに飽きてしまったということもあります。これならば逆に、不都合な世界のほうが面白いかもしれない、という気持ちになっていったのです。

それからもうひとつ、自分の魂はゼロポイントからエネルギーを落としてきているのですが、その魂の乱れを大きく修正して整えたいという思いもありました。ですが、シリウスBの次元で遊んでばかりいると、整えられないということもわかってきたのです。

つまり、エネルギーを落とす、もがいて苦しむという体験をしなければ、エネルギーはいい方向に修正できないのです。いわゆる振り子の法則です。低いほうに1回振らなければ、高いほうにも振れないのです。

ドクタードルフィンの由来

このふたつを認識したことがきっかけとなって、私は地球にきました。それがおよそ1000万年前のことです。

当時の地球は高次元レムリア文明でした。

これも現在の地球のような物質文明でなく、非物質文明であり霊性の文明です。どういうことかというと、レムリアの生命体はほとんど肉体を持っていないのです。当時の人間の肉体も、現在とは違って半透明の状態でした。

そういう世界に私は、半透明の身体を持って入ってきました。ただし、人間としてではありません。イルカとしてです。

イルカというのは人間以上の振動数エネルギーを有する生命体です。そのイルカの姿で地球に入っていけば、地球人や地球文明、さらに地球に対してもある程度の貢献ができるのではないかと考え、あえてイルカの身体を選びました。

ただし、身体の色は薄茶色。この色のイルカは、いまの地球には存在していません。

また、当時の私の瞳も、現在のイルカのようにつぶらで、かわいいものではありません。むしろ鋭くて怖い目をしたイルカで、やはり地球という新しい環境を警戒していたのでしょう。そういう意味では少し力んでいたというか、こわばっていたのかもしれません。

もうひとつ、イルカの私がこんなこわばった怖い顔をしていたのには理由があります。

あまりにもシリウスが自由で楽しかったので、地球の環境がつまらなさすぎて、ひねくれてしまったのですね。そのため、いじけた顔になってしまったわけです。

こんなつまらないところになど、こなければよかった——そう思えば思うほど地に足がつかなくなり、クルクルと気持ちだけが空回りしていたのです。

けれどもそのような状況のなかでイルカの私は、地球の「融合」というものを学んでいきました。

当時の地球、つまり霊性レムリアは融合の時代だったのです。これはのちに詳しくお話ししますが、最終的に現代になって菊理姫神《ククリヒメノカミ》ともつながってきます。

陶器のイルカ像とサナトクマラとの出会い

不思議なことに、シリウスからレムリアに入ってきたときのそのイルカの姿を、私は思わぬところで目にします。アメリカに留学していたときのことでした。あるオークションのサイトを覗くと、「レムリアンドルフィン」という陶器の像が出品されていたのです。

作者は不明、作られた年代も不明、由来もまったくわかりません。

ただ、デザインを見るとそのイルカは、尖ったするどい顔をしていて、地球のイルカの姿ではありませんでした。どう見ても、地球に降りてきたときの私の姿そのものなのです。当時の私は留学中の貧乏ドクターでお金もなかったのですが、どうしても欲しくなって思いきって買ってしまいました。

何者かが1000万年前の私の姿を陶器にしてオークションに出したのだとしたら、私がそれを見つけたのは偶然とは思えません。その何者かは、私にそれを意図的に買わせたのではないでしょうか。

１０００万年前の自分と現在の私が、見事につながったわけで、これはいまでも家に置いてあります。

それからもうひとつ、重要なことがあります。

サナトクマラという神との出会いです。

この神は金星経由で約７５０万年前に地球に舞い降りてきたと、神秘学――厳密には神智学――の世界では語られています。京都の鞍馬山はこの神が降臨した地と伝えられており、奥の院にはいまでもサナトクマラが鎮座しているといわれています。

この７５０万年前というのは、私がすっかり地球上でエネルギーダウンしていた時期でした。

というのも地球はやはり、あまりにもシリウスBとは環境が違いすぎたのです。そのため思うように羽ばたけず、はやく自分の故郷であるシリウスBに帰りたい――そう思って日々を過ごしていました。

そんなとき、イルカだった私は地球に降りてきたサナトクマラと出会い、たちまち恋をしてしまいます。

クルクルまわって愛を表現したところ、幸いにも受け入れてもらって、そこから私の身体はピンク色に変化します。私はピンクドルフィンになって、そのため女性性がとても強くなり、霊的レムリアの時代をピンクドルフィンの姿で過ごしたのです。

私はサナトクマラと結婚をしました。地球で喜びを得たことで、ようやくどっしりと足をつけられるようになったわけです。

ちなみに、現在、ウォーキング・トレーナーをしているデューク更家さんの過去生は、まさにこのサナトクマラなのでした。

地球に人間として転生する

その後、地球では霊性レムリアが沈み、物性レムリア——肉体を持ったレムリア人の時代に入ります。この物性レムリア、いわゆるレムリア大陸が海中に沈んだのは4から5万年前だと皆さんは思っているようですが、私の感覚ではだいたい80万年前に物性レムリア王国が始まって、沈んだのは8万年くらい前のことになります。

高次元の霊性レムリアでは愛と調和の力が強かったのですが、物性レムリアになってからは妬《ねた》み、嫉妬の感情が強くなってしまっていました。

そのころになると私もかなり人間の肉体ができてきていましたし、そろそろ本格的に動かなければ、人間社会に対し、私が最初に地球に入ってきたときに望んでいたような進化、成長をさせられないと感じたので、ついに人間に転生したのです。

アヌンナキのDNAを受け入れて、人間の肉体に生まれ変わりました（編集部註／アヌンナキはシュメール神話に登場する神々。研究者のゼカリア・シッチンによれば、アヌンナキは太古に地球外の惑星ニビルから訪れた生命体で、地球に文明を与え、遺伝子操作で人類を創造したという）。

人間として物性レムリアに転生している間に、私は女王にならなければなりませんでした。女王としてレムリアに君臨しない限り、愛と調和の霊性レムリアを取り戻すことはできませんでした。そこで私は、物性レムリアの女王になりました。

物性レムリアの女王としての私

私は物性レムリアの女王として、夢中になって美しい社会を地球上に築いていったのです。

かつての霊性レムリアでは、水晶の力を融合において効果的に利用できていたので、物性レムリアでもその力を愛と調和に使うことにしました。それがとてもいい感じでした。私は物性レムリアの女王として愛と調和の国を地球上に繁栄させ、かつて私がいたシリウスBのように争いごともなく、平和でありながら革新的に進化する、いわゆる奇跡が普通に起こる創造力豊かな星にしようと目論んでいたわけです。

ところがそこで、私の思いとは裏腹なことが起こってしまいます。

宇宙の原理として、何かを生じると反対の要素も同時に生じるということがあります。愛と調和というういわゆるポジティブな現象が生じたので、私はそれをどんどん盛り上げていきました。ところが見えないところでは、それと同時にネガティブな現象――妬み、嫉妬という感情――が育っていたのです。

気づいたときにはすでに遅く、結果的に私はその大国を滅ぼすというところまで行かされたわけです。

改めてですが、世界を構築するには、ポジティブとネガティブの両方の感情が必要です。問題は、どちらも行きすぎてはダメだということです。このときはあまりにネガティブな世界になってしまったので、「これはもう、閉じるしかない」ということで、私自身がレムリアを海中に沈める覚悟を決めました。

ところが沈んでいく途中で保江邦夫《やすえくにお》先生（編集部註／日本の数理物理学・量子力学・脳科学者）の前生であるレムリア女王の第一の付き人が現れて、大地を突き抜けながら「ダメです！　だめです！」と私を諌《いさ》めるのです。「女王様、どうかお気持ちを変えてくださ い」「どうか残って、また国を建て直してください」――と。

けれども、レムリアの海中への沈没は止められませんでした。そしてその付き人は、私の魂を金星に連れだしてくれたのです。

興味深いのは、保江先生と現在の世界で初めてお会いしたときのことです。先生は突然、私に向かって「女王様！　あのときは……」とおっしゃったのです。それくらいお互いのビジョンと記憶が明確だったということでしょう。

これがレムリア時代の主なストーリーです。

再び地球へ――令和とレムリア

こうして物性レムリアは沈み、私は霊体、つまり魂だけが金星に連れていかれました。

じつはレムリアはその後、再興します。

それがムーという時代です。

ムーの時代にレムリアは、シリウスの力を借りて再興しました。再生、リバース、リボーン、リベンジ、いずれにしてもムー大陸として再び浮かびあがったのです。

ところがほぼ同時代には、あのアトランティスも台頭してきました。こちらは物質文明の権化というか、パワーとテクノロジーを駆使しながら人々もどんどん賢くなっていったわけですが、こういう文明が向かうのは分離と破壊の未来しかありません。

金星で保護されていた私の魂は、このアトランティスの時代にまた地球上に舞い降りてきました。

そのときには、前回の物性レムリアが妬みや嫉妬が原因で沈んだという苦い反省点があったので、水晶の力をパワーとテクノロジーに費やすことに専念しました。

愛と調和はもちろんいいことですが、同時にそれを発展させることによる脆《もろ》さも知ってしまったので、今度は正反対のパワーとテクノロジーで地球を進化させようとしたわけです。

その代表が、ピラミッドです。

ピラミッドは私がプレアデスの力を借りて建設し、宇宙との交信基地としていたものです。

もっといえば、プレアデスのエネルギーを使ってパワーとテクノロジーを築き、地球を支配するという流れを私はつくっていたということになります。ところが今度はそれが、アトランティスの分離と破壊につながってしまいます。

先ほど、愛と調和の反対は妬み、嫉妬と書きました。

では、パワーとテクノロジーの反対は何でしょうか？

それは分離と破壊です。

これが知らないうちに育っていたことで、私は再び深く反省しなければならなくなりました。

アトランティスの時代、私はプレアデスと地球を行き来する宇宙船の司令官でした。そのときに争い、つまり戦いを選んで宇宙船を爆発させ、粉々に吹っ飛んでしまったのです。そのときの悔しさと悲しみは相当なもので、やはりパワーの使い方を間違ってしまった、テクノロジーを過信して推し進めすぎたということを深く反省しました。

しかし、こうした体験も私が「神ドクター」として活動していくには、どうしても避けられないことだったのだと思います。

物性ではあってもレムリアの時代は、女性性プラス個の時代でした。個人の力が重視されていたのです。けれどもアトランティスは力にまかせる集団の世界であり、男性性の世界です。これが今日まで、欧米文明の底に流れつづけているのです。

その後、エジプト時代には、シリウス系のアヌビス神として存在し、破壊のもととなったギザのピラミッドを封印したのです。

令和はレムリア

そして、日本列島では縄文あるいはアイヌの時代となって、そのときには再び精神性を取り戻そうという動きがありました。

この縄文時代に、もともと地球にあったシリウス、レムリア由来の私ドクタードルフィンの魂に、宇宙から降臨していた大宇宙大和神《オオトノチオオカミ》のエネルギーが合体（ソウルドッキング）したのです。

1万年前に大宇宙大和神の魂が、伊豆下田の龍宮城で、縄文人であった私に舞い降りました。

そして幣立神宮《へいたて》（編集部註／熊本県上益城郡山都町に鎮座する神社）を隠れ蓑として、そこに自分の魂の大本を置きました。そのままそこに、世の中の準備が整うまで隠れていたわけです。

やがて、縄文、アイヌがアトランティス系の大陸人に追われたように、北米インディアン、つまりネイティブ・アメリカンたちがアトランティス系の西洋人たちに追われます。

その後、大宇宙大和神のエネルギー存在である私は、ジーザス・クライスト、卑弥呼《ひみこ》という「存在」として、レムリアエネルギーを再利用しようと試みました。

しかし、思い半ばでここまできてしまっています。

このように地球は、ずっとアトランティスとレムリアの文明的な対立が続いている状態なのです。そして、ようやくレムリアが本格的に復活しはじめました。

だからこそいま、私ドクタードルフィンが、神やレムリアとつながるエネルギーとして、人類と地球を覚醒させるときなのです。

令和の時代は、レムリアの時代になります。

「令和」と書いて宇宙的に「レムリア」と読むのです。ここからも、ついにレムリア再生の時代が到来したことがわかります。

しかも私が幣立神宮という隠れ蓑から完全に出てくるタイミングも令和元（2019）年。大宇宙大和神がついに隠れ蓑からこの世に飛びだす、ということなのです。

ちなみに、宇宙的に見るとレムリアとアトランティスの関係はシリウスとプレアデスの関係と同じです。プレアデスにもアトランティスと同じように、パワーとテクノロジー、そして分離と破壊があります。プレアデスはとくに、爆発による破壊が激しいのですが、それでもアトランティスとは違い、基本的に平和なのです。だから高次元の存在でいられるわけです。

シリウスは奇跡と創造です。プレアデスで破壊されたものを、シリウスで創り直す、そういう高次元の存在にあります。

なぜいまなのか――菊理姫神《ククリヒメノカミ》の時代

1万年前に私に大宇宙大和神《オオトノチオオカミ》が舞い降りたとき、少しだけ覗かせてもらった未来のビジョンがありました。

それは西暦19年のビジョンだったと思います。

『日本書紀』にも書かれていない、日本神話の「真実」がそこにありました。ドクタードルフィンが地球に舞い降りて、初めて語られる新しい日本神話です。

読者の皆さんは、伊邪那岐神《イザナギノカミ》と伊邪那美神《イザナミノカミ》という夫婦神をご存じでしょう。

このふた柱の神があるとき、喧嘩《けんか》をしました。ここがとても重要なのですが、まずはその経緯を説明しましょう。

あるときのこと、妻神である伊邪那美神が大きな病気で亡くなり、黄泉《よみ》の国へ旅だってしまいます。夫神の伊邪那岐神はとても悲しみ、伊邪那美神を捜すために黄泉の国へ自ら行くことを決意しました。ところがそこに辿りついて見たのは、いかにも醜い姿に変わり果てた伊邪那美神の姿だったのです。

いくら愛する妻神とはいえ、あまりのショックに伊邪那岐神は逃げてしまいます。一方の伊邪那美神は「そんなに私は醜いのか」と大きなショックを受け、それが伊邪那岐神に対する恨みの気持ちに変わると、夫のあとを追いかけていきました。

「どうして逃げるんだ?」という、悔しさと恨みです。

すると黄泉の国の出口のところ――つまり地球の現生につながるところ――に菊理姫《ククリヒメノ》

神《カミ》が立っていて、伊邪那岐神が通り過ぎたあとで追いかけてきた伊邪那美神をつかまえて、耳元で何かをささやきました。

その言葉が何だったのかは謎で、歴史学者と宗教学者にとって未だに大きな争点となっています。

けれども私には、菊理姫神の言葉を解き明かすことができます。

私の次元から見ればあの場面は、黄泉の国と地球界が分離する瞬間の描写だったのです。残念ながらこれ以上具体的な内容については、本書でお伝えすることはできません。しかるべきタイミングでお話しします。

ひとついえるのは、菊理姫神は破壊されたものをすべて「ククる」力を持っているということです。くくる、融合する――壊すのではありません。まさに新しい融合の時代を築く神なのです。

菊理姫神はその力で、伊邪那岐神と伊邪那美神をククったのです。まさに最強の神なのです。

とにかく菊理姫神は、怒りにふるえる伊邪那美神に、ある約束をしました。

その約束の時期が西暦19年から数えて２０００年後の、２０１９年なのです。

ですから、２０１９年、大宇宙大和神の封印が解ける今、私は菊理姫神を開き、世に出しました。それまでは菊理姫神の出番はあまりなかったし、むしろ自分から世に出ないように封印をされていたのですが、２０１９年に私は、２回にわたってこの神を開いたのです。

だからこそ、令和の時代は面白くなるのです。

パート1

神ドクターができるまで

超繊細だった少年期

子どものころから私は、自分が将来、ドクターになるということを、なんとなくわかっていました。

なぜならシリウスBから地球にやってきたときの使命、つまり自分で決めたテーマを完結させるための最終章として今生の地球に生まれてきたことの意味を考えれば、今回の生の意味は必然的にそうなるからです。重要なのは、地球人が肉体を持っているということです。これが地球人にとって最大の弱点なのです。

肉体を診て、修復することができる者といえば、なんといってもドクターしかいません。そこからやはりドクターでなければダメだ、自分はドクターになるんだ、と決めていたのだと思います。

小学校時代の私は繊細すぎて、なにかにつけてすぐに傷ついてしまうような子どもでした。人が何を考えているかを先読みしては、相手の気持ちの重さに押し潰されそうになってしまうのです。

ですから地球で行われているピュアではないコミュニケーション――脳を介在させるコミュニケーション――がものすごく苦痛でした。脳を介在させるということは、そこに非自己の集合意識が入るわけで、その人の本心かどうかわからないからです。

高次元の存在どうしのコミュニケーションでは感情もそのままストレートに伝わりますが、地球人の場合、脳が入ると歪むのです。ウソをついたり、ごまかしたりするわけです。そういう環境が、子どものころからすごく生きづらかったのです。

学校へ行くのも辛いし、外を歩くのも辛い。何をするにしてもエネルギーを使って、へとへとになってしまいます。

いまから考えれば、超繊細な人間の感情を体験するという課題が、私の最終章では必要だったということが理解できます。人類をリードするドクターになるために、超繊細で超傷つきやすく、超脆い地球人として子ども時代を生きる必要があったわけです。けれども子どものころはそんなことまではわかりません。

ドクターになると決めてはいたものの、傷つくのはやはり辛いですから、本来の自分を隠して生きていました。言葉を換えれば私は、隠身大神《カクレミノオオカミ》として、自分の魂までを幣立神宮にずっと隠してきたのかもしれません。

実際のところ、縄文時代からずっと私はそうでした。これまで、自分の魂のままに生きることができなかったわけです。悪くいえば、偽りの自分をつくってきました。無鉄砲に何世代にもわたってです。しかも今回は最終章ということで、特別に繊細な部分、地球人としての弱さ、脆さを体験させられたのでしょう。

そこで私が、地球における最終章でどのようなことをしたのかというと、魂とはまったく逆の世界を試みたのです。簡単にいうと、はっちゃけて見せながら積極的にバカを演じました。

勉強はできました。けれども「ガリ強」といわれるのがイヤで、クラスではわざと大胆な行動を取るようにします。傷つくのを避けるために、あらゆることをはったりで行動し、ごまかしたのです。

人を笑わせたり、踊ったり、面白いといわれることならなんでもやりました。大学生のころには学園祭や謝恩会で、借りてきた派手な芸人風の衣装を着て司会をしたり、全国放送のテレビ番組『ねるとん紅鯨《べにくじら》団』の「医者の卵シリーズ」に出演したりもしました。

そういうバカなことを先頭に立ってやりきってきたわけです。そのおかげで、学生時代はみんなの人気者でした。

もちろん当時の医学部の教授からは、「あいつは何てバカなことをするんだ！」と叱られました。けれども、そうしたことでさえ将来の魂の糧になるということは、なんとなくですが私にはわかっていたのです。

いまなら、超繊細で傷つきやすく、地球に適応するのが難しい魂を持った子どもが、その地球で生きるために正反対の自分をつくったということがわかります。そしてこのように極端に繊細、極端に大胆という、両極端の自分を体験したことが、新しい地球を切り開くリーダーとして生きるときに、強いエネルギーの支えになっていることは間違いないのです。

偏差値20アップした浪人時代

エネルギーといえば、前章でお話ししたように、私がイルカとして地球に入ってきたことにも、大きな意味がありました。

イルカという生物は、人間よりも知能が高いといわれています。じつはイルカは、生命エネルギーも高いのです。ということは、宇宙の叡智がより多く、しかも強く入っているということになります。そのため感情を固定せず、フレキシブルに操ることができます。それはつまり、複数の感情を同時に持てる、ということです。

地球にイルカとして入った私は、必然的にそういう訓練をしてきたということになります。イルカのエネルギーで、繊細な心と大胆な心、傷ついた心と傷つける心、天秤の両端を同時に体験してきたのです。ですから、この最終章で離合した自分を演じるための準備はできていたわけです。

さて、小学校時代の私は、軟式野球のチームに入っていました。当時はまだ根性論が全盛ですから、ものすごく厳しい練習を課せられたものです。うさぎ跳びや腕立て伏せは当たり前で、地獄のような特訓で鍛えられました。

チームでは私は3番バッター。いわゆる主軸です。守備はキャッチャーでしたが、ときどきはピッチャーもやらせてもらえたので、けっこう活躍したほうだと思います。

また、父親が柔道整復師をしていたこともあって、中学高校時代は柔道部に入って講道館2段まで取りました。高校生にとっては最高のレベルです。よく怪我もしましたが、武道の精神を学んでおいてよかったと思います。大和の伝統や精神を学べたからです。

先ほど、勉強はできたと書きましたが、このころになるとろくに勉強もしていなかったので、現役での医学部受験には失敗します。けれど、負け惜しみではありませんが、どうせドクターになるのなら、中途半端なレベルの医学部に行っても仕方がないという感覚もありました。実際にドクターになったとき、それなりの発言力を持てる大学でなければ意味がないと思ったからです。

医学部としてトップレベルにある大学に進学してこそ、将来的に人類と地球社会に対して良い影響をもたらすことができるということを、直感的に理解していたわけです。

私の実家は三重県桑名市というところにあり、名古屋市内の予備校に電車で20分で通える地域でした。けれど――あくまでも当時の話ですが――名古屋の予備校でトップを取っても、私の志望校である慶應義塾大学医学部には合格できないというのです。東京は偏差値が高すぎて、まったく違う世界だったわけです。

それでも私は、そこを目指そうと思いました。そのためには東京の予備校に行かなければダメだということで、駿台予備校の試験を受けました。すると医学部コースの一番上のクラス、東大医学部に受からなかったから浪人したという優秀な生徒が、全国から集まってくるクラスに受かりました。

そうなればあとは、遊ばずに真面目に予備校に通うよう、自分を戒めるだけです。そこで千葉県の北松戸にある門限が夜10時という予備校の寮に入りました。こうして私は、自分を見つめ直す内観的生活を1年間、送ることになったのです。この期間はまさに、自分をじっくり観察する1年となりました。

なにしろ、することといえば勉強しかありません。最初のうちは友達が部屋に遊びにきたのですが、こんなことをしていたら絶対に合格なんかできないと思った私は、ドアに好きな曲の歌詞にある言葉「soldier spirit（戦士の魂）」と書いた紙を貼りました。

テレビは禁止の部屋にラジカセだけを置いて、ラジオでユーミン（松任谷由実《まつとうやゆみ》）やサザンオールスターズの曲を聴いていても、「soldier」という言葉が出てくる歌が大好きでした。「いまの俺は受験に対するソルジャーだな」と思うことで、戦う気持ちを奮い立たせていたのです。

すると不思議なことに、だれも私の部屋に入ってこなくなりました。

「あいつ、ちょっとおかしいぞ」と噂《うわさ》になったようですが、まあ、それでもいいやと思って気にすることはありませんでした。

机の上にも「慶應義塾大学医学部合格！」と書いた紙を貼りました。合格を意識するように設定したわけです。それに対して、毎日手を合わせるという感じです。

親からは、落ちたら柔道整復師を継げといわれていましたが、どうしてもそれだけは避けたかったので、猛勉強して1年間で偏差値を20、上げました。数学は全国で1桁の順位だったこともあります。そうした甲斐もあって、慶應義塾大学医学部に合格することができました。

『白い巨塔』に悩む

卒業後は、慶應義塾大学医学部整形外科の医局に入る予定でした。幸い、教授にもかわいがられていたので、申し込み日の朝一番で願書を出しますと約束していました。ところが願書を枕元に置いて、明日、大学に出しに行くぞという晩の11時ごろ、母親から電話がかかってきたのです。体調が悪くて入院することになったが、心細いのでどうか医師として三重県に帰ってきてくれないか、というのです。

なんとまあ、よりによってこのタイミングか、あと1日遅ければ自分はもう、慶應に願書を出していたぞというときでしたから、驚いたし迷いました。けれど、これもすべて宇宙の采配だとすれば、やはり地元に帰るべきなのではないかなと思い、慶應はあきらめて三重大学医学部整形外科に入局したのです。

ところがそこは国立大学で、まさにあの『白い巨塔』の世界そのものでした。とにかく私にとっては居心地が悪かったのです。

私には教授のポストを狙うとか、学内で出世してやろうとかいう魂胆はまるでありませんでした。ただ、人生を楽しみながら世の中をリードするドクターになれたら、と思っていただけです。ところがある亡くなった教授からは、「あいつは慶應から、教授狙いなど、何か企みをもってきたんだ。だからいまのうちに潰してしまえ！」という命令が下されていたといいます。

そのせいか、たとえば私が英文で論文を書いたとしても、だれも協力してくれないのです。それで、こんなところではドクターもできないということで、慶應に戻りたいという気持ちが強くなっていきました。

アメリカへの旅立ち

我慢できなくなった私は、アポなしで、慶應義塾大学医学部整形外科教授（慶應義塾大学病院長）に会いに行き、入局をお願いしましたが、教授室で3時間、怒鳴られ、「お前のためにならない」と断られました。

細かないきさつについては省略しますが、最終的に私は三重大学に残ることになります。ただ、言葉は悪いですが「出戻り」ということもあって、そこでもやはり決して居心地がいいわけではなく、気苦労もあって体調を崩してしまいました。慶應義塾大学に戻ることが自分の使命につながると思い、ドクター生命をかけての行動だったわけですが、そこも完全にクローズされてしまったことで、魂は目覚めたのです。

そしてあるときふと、これは海外に飛びださなければダメだ、という思いが私の脳裏をよぎりました。日本のような閉鎖的なドクターの社会にいたのでは、とても新しい世界を築くことなどできない、と。

三重大学教授からは、ハーバード大学、ジョンズ・ホプキンス大学、スタンフォード大学などの医学部をちらつかされ、反対をされましたが、カイロプラクティックという世界に留学を果たします。

私は整形外科医として、背骨の手術もたくさん手がけてきました。背骨を開いて、生命力が通るその脊髄を実際に手で触れたり見たりしてきたわけです。

脳のなかにある「松果体」から背骨の神経を通じて生命力は伝わっているのです。その流れをよくしてやることが身体にとって大切だということは、直感としては思っていました。

そのようななかで、薬の処方も行わず、手術もしないで身体をよくするのがカイロプラクティックです。

けれども日本のカイロプラクティックには国家資格もありません。そこで本場であるアメリカに行こうと決めたわけです。調べてみると、カイロプラクティックの学校は北米に17校ありました。米国医学部と同じシステムで4年制です。

そのなかから私はロサンゼルスの大学を選び、そこに行きました。

医学部的な教育をすることで有名なカイロプラクティックの大学でしたが、実際に行ってみてわかったのは、天狗になっている先生が多いということでした。

アメリカにはドクターが3種類あって、いわゆる医師がメディカルドクター。それともうひとつ、ドクター・オブ・オステオパシー。そして3つめがドクター・オブ・カイロプラティックです。私もアメリカではこの3つめの資格を取ったわけですが、ロサンゼルスの先生は自分たちがドクターとして高飛車になり、西洋医学的な考えしか持っていなかったのです。

これでは、私が求める人間の生命力を重視した教育などできるはずもありません。なんとか2年間は我慢して勉強したのですが、やがてアイオワ州のダベンポートというカイロプラクティック発祥の地にできた大学に転校したくなってしまいました。そこには私が求めていた、人間生命を学ぶための哲学と倫理、そして原理があったからです。

ところが、いざ転校となったときに、それまでロサンゼルスの大学で履修した科目の単位が認められず、さらに1年間、大学に通わなければならなくなりました。どうやら大学どうし、仲が悪かったようです。こちらにしてみればいい迷惑ですが、そのおかげで人間生命を英語で深く学ぶことができたので、結果としてはプラスになったのではないかと思います。

カイロプラクティックは、哲学、知識、テクニックで極めることができました。「ガンステッド・カイロプラクティック」というもっとも手技が難しく、もっとも効果があるといわれているこのシステムを、アメリカ全土のセミナーに参加してマスターし、学生にはだれにも負けないというレベルにまでなりました。

大学は平成17（2005）年に卒業しましたが、ガンステッド・カイロプラクティック・オブ・ジャパンの代表となって、日本国内でもセミナーを行うようになりました。

名人に弟子入りする

卒業後は日本に帰るつもりでいました。けれども学んでいくうちに、アメリカでもっとカイロプラクティックの修行をしたいという思いが強くなりました。

当時のアメリカに、ガンステッド・カイロプラクティックを教えていた、ドクター・ラという優秀な先生がいました。テクニックはもちろんですが、人間的にもものすごく魅力的な人だったので、ぜひその先生のもとで学びたいと、アリゾナ州フェニックスにある先生の門を叩いたのです。

厳しい人なので、「弟子にしてくれ」といってもなかなか採ってはくれません。相手の本気度、人間力を見るからです。幸い、私は本気だということが認められたようで、弟子入りが許可されました。

思えばこうした一連の流れも、すべて運命だったのでしょう。現在の神ドクターにつながる一連のプロセスだったのです。

私はカリフォルニアに2年半いて、アイオワに3年半、そしてこのドクター・ララのもとでアリゾナに4年、いました。全部でおよそ10年です。

ドクター・ララはものすごく厳しい人で、おべんちゃらは口にしないし、患者の割り振りなどもしてくれません。給料も決してよくはありませんでした。実力で上がってこいという人なので、厳しすぎてほとんどの学生が半年ももたないのです。そのなかで私は4年、続けました。当時は、「奇跡だ」といわれていたものです。それくらい厳しい人だったということでしょう。

でもじつは、そのとき私にも「何のためにアメリカまでやってきたのだろう?」という疑問がふつふつと湧いていたのです。

私は現代医学を10年極めて、整形外科の専門医を日本でやりました。その後にアメリカの大学で学び、学生であればだれにも負けないと自負できるレベルのカイロプラクティックを習得して、フェニックスで患者を診ていたのです。

ところが現代医学とカイロプラクティックは、融合させようにもまったくの反対を向きあっていることがわかったのです。これをいったいどうすれば、私自身で新しい医学に融合できるのか——それがまったく見えてこなかったのです。

アメリカ留学中、いくどとなく日本に帰ったほうがいいかなと思ったとき、それを止めたのは日本の大学教授の言葉でした。

「お前は勘当だ」「帰ってきても戻る場所ないぞ」といわれ、それでも海を渡ってアメリカまでやってきたのだから、結果を出さなければ絶対に帰れない。そう思っては帰国を断念し、日々、悶々としていました。

そんなとき、日本食料品を扱うスーパーマーケットの店長さんから「車で2時間くらい走ったところにセドナというすばらしい場所があるのだけれど、行ったことはある？」と聞かれたのです。いまでこそセドナといえばパワースポットの聖地として日本でも有名ですが、当時はまだほとんど知られていませんでした。「元気が出るすごいところだよ」といわれたので、好奇心から妻と行ってみることにしました。

行って驚きました。

「すごいなあ。こんなところが地球にあるんだ」――そういって私の魂が大喜びしているのがわかるのです。ここにはボルテックスという地球の叡智とつながる磁力の場があるのですが、それによってエネルギーが宇宙の叡智とつながり、深い感情が湧きでたり、自分の生き甲斐や使命に気づいたりするのです。

それから私は、チャンスを見つけてはセドナに通うようになりました。いまから思えばそれは、私が神ドクターとして世に出るために必要な、とても大きなステップだったわけです。

第3の目が開く！

セドナに通いはじめると、次々と面白い人との出会いが起こりました。

エネルギーワーカー、チャネラー、ヒーラー……それこそ毎回、出会いがあるわけです。

そんなある日、セドナ在住の日本人で、私の患者でもあった人――現在はセドナでスピリチュアル・ヒーラーをしています――から、ホピ族のダンスがあるから見にこいと誘われたのです。

さっそくセドナに行ってホピ族のダンスを見ていると、彼らの酋長がこういいました。

「あなたたちがここにきたのには、全部意味がある。たとえいまはわからなくても、そのうちきっとわかるだろう」

自分が何をすればいいのか、どうすれば道が開けるのかわからずにもがいていた時期なので、その言葉は深く胸に突き刺さりました。

「本当に何かが起きてくれたらいいな、起きるかな」

そう思いながらその日はセドナのホテルで寝たのですが、残念ながら何も起こりませんでした。そのことにショックを受けて翌日にフェニックスに戻ったのですが、その次の日の朝、ついに私が神ドクターにつながる出来事があったのです。

ここで少し話は遡りますが、浪人して予備校の寮にいたとき、私の部屋には母親からもらった金色の観音像が置いてあって、毎日「今日も1日、ありがとうございました。明日もよろしくお願いします」と、手を合わせて祈っていました。私を守ってくれているという気がしていたので、私はこの観音像をものすごく大切にしていたのです。

さて、その日の朝、5時くらいのことでした。

その観音像が夢に出てきて、パタッと倒れていたのです。それは夢にしてはあまりにも明瞭でリアルでした。

しかも――。

夢のなかでこれはまずいと手を伸ばし、観音像を起こしたその瞬間、私の額に銃で撃たれたような衝撃が走ったのです。これが夢ではなかった証拠に、私はベッドの上で後方に

30センチほど飛んでいました。ムチ打ちになって頸椎カラーを装着し、しばらく動けなかったほどですから、衝撃は本物だったということになります。

そしてこの瞬間、私に第3の目（編集部註／いわゆる五感とは別の、超能力を司るとされる知覚・感覚器官。額がその場所とされ、松果体と深いつながりがあるともいわれている）が開きました。

それからはさまざまな情報が私のなかで融合するようになり、これまでバラバラだとしか思えなかったことも、すべてつながるようになりました。

それまでの私はとにかく目に見えない世界のことが知りたくて、量子力学やエネルギー医学の本はもちろん、スピリチュアル関係の本まで英語も日本語も問わずに読みあさっていました。ただ、それらはみんな分離した情報にすぎなかったのですが、このときから急に「あ、そういうことだったのか」と、次から次へとつながりはじめたのです。

それと同時に、いわゆる超能力的な力も開花してきました。それまでは人間的な技術の面だけのドクターだったわけですが、ここからは目に見えない力も使えるようになったのです。

帰国と開業

第3の目が開くと、たちまちいろいろなことが起こってきました。

私自身、エネルギー的にとてもいい感じになってきたので、ドクター・ララから独立してアメリカに残り、永住権を取って開業しようかとも考えました。ただ、それにはアメリカで融資を受ける必要があります。でもその時点で私はすでに留学資金として2000万円もの国内での借金があって、「世界でもっとも貧乏な整形外科医」を自称しているほどでした。しかもその矢先に、アメリカのバブルが崩壊したのです。

それに加えて父親が、どうやら腎臓がんの末期で2~3か月ももたないということを家族から聞かされました。父親は人を癒す柔道整復師、鍼灸《しんきゅう》師でありながら、自分自身は大の病院嫌いでした。けれどもあまりにも身体が辛いので検査を受けたところ、そのまま入院ということになってしまったというのです。

本当に迷いました。

このまま自分の気持ちを押しとおしてアメリカに残るべきか、それとも日本に帰国すべきなのか。

父親が余命宣告を受けたこと、そしてアメリカのバブル経済がはじけたこと。それらが同時に起こったことにはきっと意味があるのかもしれない——そう考えていたときです。慶應義塾大学医学部の同期で、結婚式、披露宴で友人代表スピーチをしてもらった大親友の訃報が届きました。さらに、アメリカのガンステッド・カイロプラクティックを日本にもってくるときにサポートしてくれた日本のパートナーも同じ時期に亡くなってしまいます。

私の人生を支えてくれていた3人が、ほぼ同時に逝ってしまったのです。さすがにショックを受けました。

私はこれを、「大切なものを手離すことで、新しいものを創れ」というサインだと感じざるを得ませんでした。まさに「これからは自分の力で歩け」という強いメッセージだと受け取ったのです。

こうして平成20（２００８）年、私は帰国しました。

当時、前述したように２０００万円ほどの借金を背負っていました。

開業するにはさらに、数千万円の資金が必要となります。

いくらドクター資格があるとはいえ、日本をほぼ10年間留守にしていたということで、銀行からの融資も受けられそうにありません。

ところがここでも奇跡が起こりました。

ある医療コンサルタントの方と知り合うことができて、その人が銀行に私についてプレゼンテーションをしてくれたのです。すると、融資を受けられることになったのです。その資金をもとに開いたのが、現在の鎌倉のクリニック（鎌倉ドクタードルフィン診療所）です。場所は申し分のない一等地で、鶴岡八幡宮の二の鳥居が目の前に見えます。エネルギーもとてもいい場所だったので、多少は経済的に無理をしてでもここでやるしかないと思い、契約を結びました。

この一連の流れも、私がここにくるように、すべてが準備されていたとしか思えないようにとんとん拍子で進みました。

とはいえ、この鎌倉という地に私はまったく土地勘などありませんでした。知り合いもいないので、患者さんのあてもありません。

通常、ドクターが個人開業する場合、まずは地元の大病院に勤めて準備をし、そこの患者さんを引き連れて独立するというのが王道です。けれども私にはそれがまるでできません。土地も、よりよいエネルギーの場所を求めた結果であって、地元でもなんでもなかったからです。

ところが不思議なことに、開業してみると次から次へと患者さんが訪れてきます。

特に大きかったのは開業2年目に、マキノ出版から『「首の後ろを押す」と病気が治る』という本を出させてもらったことです。十数万部のベストセラーになりました。

それからは電話がひっきりなしに鳴るようになって、鎌倉だけではなく北海道や九州、沖縄、さらには海外からも患者さんがやってくるようになりました。街の診療所、クリニックでそのようなところは皆無だと思います。私もカテゴリーを制限せず、子どもからお年寄りまで、魂の問題、心の問題、体の問題、そのすべてを受け入れています。新規患者予約も数年待ちです。

もちろんこれは、神ドクターたる所以のひとつだと思います。神のエネルギーでなければ、そんなことは不可能だと思います。

「現代社会の奇跡はドクタードルフィンの常識です」。

ということで、次のパートでは私が考える現代医学の問題点と、神ドクターの真髄をお伝えしていきたいと思います。

パート2

神ドクターの医学

3分間の診療が意味すること

私のドクター人生は、令和元（２０１９）年でほぼ30年になります。最初に日本で10年整形外科医をやり、アメリカで10年自然医学（カイロプラクティック）を学んで、そして帰国していまは11年目です。このトリプルの10年というのが、やはりそれぞれ区切りのタイミングだったといえます。

その結果、神ドクターとして人間生命について、特別な領域にまで辿りつくことができました。もちろんそこには、過去生の履歴があります。本気で過去生をやってきて、私にしかできない、知らないことがたくさんあるわけです。しかも私は、もともと神のエネルギーでこの地球に存在しています。神のエネルギーを持っているということも含めて、私にしか辿りつけなかったであろう、人間生命の秘密がそこにはあります。それはこの本にとってもすごく大切なポイントになることでしょう。

人間が70年から80年生きるとします。その人生のなかの時間に3分。これが毎回、私が患者さんを診るのに使用する実質的な時間です。患者さんは全国から旅費と宿泊費、診療費、さらに移動や待機の時間を使って私のところへやってきます。そのなかで診療はわずか3分間ですから、私も真剣勝負にならざるを得ません。患者さんもそれぞれの人生をかけてやってくるからです。

実際のところ、3分という時間そのものが問題なのではありません。私には、もっと少ない時間で十分ですし、逆にいくら時間をかけても患者さんを救えない医学が世の中には蔓延しています。

これまでの医学で本当によくないと思うのは、診療というのは時間をかければいいと思っていることです。患者さんにしても、時間をかければかけるほど、いい医者だと信じて満足しています。これは本当は正しくありません。

私の神ドクターによる神医学の視点からすれば、時間をかけなければかけないほど、診療レベルは高くなります。

なるほど、時間をかければかけるほど身体や心の状態は徐々に変わっていくかもしれません。けれどもそれが、本当にいいことなのかどうかというと答えは「ノー」です。

真の幸福には魂の次元を見る必要があります。

次元的にいうと、魂のエネルギーが一番高く、次が心のエネルギー、一番下が身体のエネルギーとなります。低いエネルギーであれば、時間をかければかけるほど変わりやすくなるでしょう。物質なのでそれは当然のことです。けれど、私がフォーカスしているのは魂のエネルギーです。高いエネルギーは、時間をかけるほど変わりにくくなってしまうものなのです。

脳の願いは無視する

それからもうひとつ、患者さんが脳、つまり頭で考えて望むことや訴えることが、その人にとって本当の願いだと錯覚するのも大きな問題です。

なぜなら人間の脳はただの情報の集積所、つまり「図書館」であって、情報の「発信基地」ではないからです。

ところがだれもが脳を情報の「発信基地」だと思いこんでいるので、脳を過剰に重視する傾向があります。

よく考えてください。

実際には脳がないほうが、はるかに生きやすいのです。

脳という「図書館」には、いったいどのような情報が入っているのでしょうか。

それは、生まれてからずっと親や兄弟、家族、友人、学校、社会などから教わってきた知識や情報です。それらによって形成された「常識」と「固定観念」です。

これは、自分の魂が望む世界ではありません。「自分宇宙」と私は表現していますが、自分の魂が必要とする知識、情報は、本来この自分宇宙のなかにぜんぶ蓄えられています。

けれども脳の知識、情報は、自分宇宙とは違う自分以外の宇宙の意識が集積したものなのです。もっといってしまえば、自分には役に立たないものがほとんどです。人間は本来、自分の魂の進化と成長を目指すべきなのですが、それにはまるで役に立たない知識と情報を脳に蓄えているわけです。

本来、この自分宇宙からはさまざまな情報、宇宙の叡智が魂意識に降りてきています。自分にとって本当に必要な情報のすべてがそこにあるのです。それをそのまま松果体で受け入れて、直感でとらえればそれでいいのに、人間はそれが大の苦手なのです。

理由は不安だから。脳を使ってしまうのです。

人間には頭や脳で濾過《ろか》して、納得できる形にしたものでなければ自分のものにできないというクセがあります。これが人間の究極的なミステイク（間違い）であり、人間がなぜ本当の意味で健康を得て幸せになれないのかという理由でもあります。

患者さんは脳で病気を治したい、痛みを取りたい、症状をよくしたい、死にたくない、長生きしたい、悩みをなくしたい、困難をなくしたい、というのです。けれどもそれは、あなた自身の魂が持っている本当の望みとはまったく違うものです。

神ドクターの神医学では、こうした脳からの訴え、要求はほとんど無視します。これは普通のドクターたちにとってはとても強烈なことだと思います。

だから神ドクターは、患者さんの訴える言葉はほとんど戯言だ、脳という情報図書館が出している雑音だととらえるのです。そうしなければ、本当の意味で患者さんの魂を救うことはできません。

神ドクターというのは、神以上のエネルギー、神を統括するエネルギーで診るドクターです。神のドクターとして地球に舞い降りた存在です。

その理由は、まさにいま書いたような「医学」の真実を見抜いているからです。

地球上のドクターはだれも、脳の訴えと魂の訴えは違うものだとは思っていません。なぜならそれは、人間として同じ次元から見ていたのでは、絶対に見破れないことだからです。神次元から物ごとをとらえない限り、真実は見えてきません。

魂のレベルで患者さんが何を望んでいるのか、それを患者さん自身の魂で探りださせて、それを叶えるお手伝いをするのが神ドクターの仕事です。私にとってはそれが、もっとも重要なことなのです。

松果体について

ここで先ほど出てきた松果体について説明しておきましょう。神ドクターの神医学においては、とても重要なキーワードなので、ぜひ意識するようにしてください。

松果体というのは、脳の中心部にある松ぼっくりのような形をした小さな内分泌器官です。水晶の主成分である珪素で構成されていて、高振動数の宇宙の叡智エネルギーを低振動数の身体の叡智エネルギーに変換する役割を果たしています。

大きさは7〜8ミリ程度で、左右ふたつになっていてそれぞれ機能も違います。

エジプトの天空と太陽の神であるホルス神の右目は、ポジティブな右側の松果体を表しています。別名で「ラーの目」とも呼ばれ、宇宙意識（超潜在意識）とつながっています。

一方、ホルス神の左目は「ウジャトの目」と呼ばれていて、ネガティブな左側の松果体を表し、潜在意識、集合意識とつながっているのです。

このホルス神の左目「ウジャトの目」を利用してきたのが、あのフリーメーソンでありイルミナティです。彼らは松果体の左側の「ウジャトの目」を利用し、人々の潜在意識や集合意識に働きかけることによって、本来なら自由であるはずの人間を縛り、操ってきたというわけです。

一方、同じホルス神の目でも「ラーの目」は宇宙の叡智とつながっています。

前述したように、人間が生きるために必要な宇宙の叡智、知識や情報はこの右の松果体である「ラーの目」を通じて降りてきます。だからこそ、私たちはその情報をそのまま松果体で受け入れ、素直に直感でとらえればいいということなのです。

魂の望みを知る

さて、ここまでは人間の脳で考える望みや訴えは、本当の意味での進化や成長にはつながらないというお話をしてきました。

それでは魂の望みというものは、いったいどうやって知ればいいのでしょうか。

ポイントは、その人が求めるものを思い浮かべるとき、楽で愉《たの》しい感覚があるかどうか、ということです。楽と愉しい、そのどちらかではありません。楽プラス愉しい――両方です。それがあれば魂の望みです。

念のために書いておきますが、「たのしい」は「楽しい」ではなく「愉しい」という漢字を書きます。

患者さんが診療室に入ってきたとします。

「先生、この痛みを取ってほしい」「この病気さえよくなれば」というでしょう。

けれども実際に痛みが取れて病気がなくなったとしても、それで楽で愉しい状態になっているかというと、そうではないのです。楽であっても、愉しくはない。あるいは愉しいけど楽ではない。落ち着く先はほとんどがそのどちらかです。

なぜそうなるのかといえば、その訴えは魂の望みではなく、脳が望んだことだからです。もっといえば脳が求める方向というのは、楽か愉しいか、どちらかひとつだけという二者択一なのです。

ですから――これはドクターという立場からは、少々いいすぎに聞こえるかもしれませんが――そういう人たちの痛みは取ってはいけないのです。

病気を治したらダメだし、むやみに長生きさせてはいけません。それよりも、もっと病気を体験したほうがいいのです。

炎上必至の、超過激な発言だということはよくわかっています。わかったうえで、私の真意をこれからお伝えしたいと思います。

人はなぜ死ぬのか?

これから神ドクターが吠えます。

皆さんも、しっかりとついてきてください。

まず病気になる理由ですが、いったい何だと思いますか?

じつはそれは、この宇宙にはたったひとつしかありません。しかも非常にシンプルです。

それは、病気になりたいからなのです。それ以外に理由などありません。

次に、人に生命がなくなる——つまり死ぬ理由についてです。

これもたったひとつです。死にたいからです。

単純かつ極論に聞こえるかもしれませんが、これが真実です。本当にそれしかありません。このことを、いったい世界でどのくらいのドクターが理解しているのでしょうか。

なぜそうなるのか、読み解いてみましょう。

ある瞬間に人間が、地球上で体験していることがあるとします。

地球上には時間軸があるので、思ったことはすぐには体験できません。高次元の生命体になれば、望んだ瞬間にすぐその場でなんでも体験できるのですが、地球上ではそれは無理です。けれど、あらゆる出来事は、少し前のあるときに魂が望んだことが、そのまま実現しているのです。

これが生命における魂意識の原則です。

逆にいえば、生命は魂が望んだことしか体験できない、ということです。

ということは、体験はすべて自らの魂がクリエイト（創造）した結果なわけです。こういうことを体験したい、実現させたいと魂が願い、それが投影されて現実になっているだけのことなのです。もっとわかりやすくいえば、すべては自分が望んだことです。

病気になったのも自分が望んだから、あるいはもっと深い魂のレベルで病気になる必要があったからなのです。

これこそがまさに生命の本質です。身体を維持することが生命を維持することではないのです。身体はただの着ぐるみにすぎません。魂こそが生命の本質なのです。

魂の正体

では、生命＝魂とは何でしょうか？

結論からいいます。

それは、振動しながら回転しているエネルギーです。そしてこのエネルギーは、意識を持っています。

感情は脳を持って初めて生まれるものなので、意識のエネルギーは感情を持ちません。けれども感性は持っています。感性があれば、これからどうしたいのかという思いが生まれます。たとえばあるエネルギーが地球に入っていくとなったときには、この地域においては自分のエネルギーの乱れを修正し、さらにアップさせることができる――つまり進化、成長することができる――ということがわかっています。

そこで松果体のＤＮＡエネルギーを読むのです。

いつ、どこで、何を、どのように体験するのか――これは人生のシナリオでもあり身体のシナリオでもあります。けれどもその本質、実体はエネルギーの意識であり感性なのです。人間の肉体は、そして人生は、そのエネルギーの意識の方向性によって未来を決定づけられているのです。

おわかりでしょうか?

地球上において、自らのエネルギーを修正して進化、成長させるためにはこの病気が必要だとか、こうした死に方が必要だという、選び得るなかで最高のものをすでに決めて転生してきているのです。人生における日々の悩みや困難も同じことで、すべて生命＝魂による選択の結果なのです。

いわば、魂のシナリオです。

仕事の悩み、恋愛の悩み、金銭の悩み、人間関係の悩み……人生におけるあらゆる問題は、魂を進化、成長、修正させるためにわざわざシナリオのなかに書き込まれ、用意されたものです。ですから、こうした苦労を体験することで、人生は必ずいい方向へと向かっていくことになります。

そのときに、宇宙の叡智が脳にある松果体で受け入れられ、うまく通っていることがとても重要になるのです。

いい方向というのは「これでいいのだ」「これでよかったのだ」という、楽で愉しい方向です。人生は最終的には必ずこの方向へと向かいます。そうならないのであれば、それは生命エネルギーがうまく機能していないということになります。

そのときに、うまくいくようにお手伝いするのが私、神ドクターの仕事なのです。

魂のシナリオを書き換える

ではなぜ、人は自らの魂が思い描いた方向へ、まっすぐに進んでいけなくなるのでしょうか。

だれの魂でも、最初に地球に入ってきたときにその方向性が、シナリオとしてしっかりと書かれていきます。けれども生きていくうちに、魂が書いたシナリオではない、さまざまなバイアスがかかってしまうのです。

他人や集合意識の変化により、だれに何をいわれたとか、何かをされたとか、あるいは地球規模で大地震などの大災害が起こったとか、経済ショックで大損害を受けたとか、人生においてはいろいろと予期しないこと、シナリオに書かれていなかったことが発生します。

そうすると、些細なことの積み重ねや、出来事のショックで、シナリオ通りにいかなくなってしまうことが多いのです。

その場合、どうしても楽で愉しい方向には行きづらくなるのです。

そこで神ドクターの登場です。

ドクタードルフィンの神ドクターとしての仕事は、こうして魂のシナリオから外れてしまった皆さんのエネルギーを、本来、地球で生まれる前に魂が選んだシナリオに合うようにリセットすることです。

ただし、リセットするだけなら私以外にもできる人はいたでしょう。

肝心なのは次のレベルです。

それが私、神ドクターにしかできない、魂のシナリオそのものを書き換えるという仕事です。

いつ、どこで、何を、どのように体験するのか。そのシナリオを書き換えることができる人は、これまで世界のどこにもいませんでした。

その可能性に気づいた人は、いるかもしれません。きっとその人は、人間のレベルで書き換えてはいけないものだと考えたのではないかと思います。

でも、神ドクターである私なら、躊躇《ちゅうちょ》なく書き換えることができます。

もちろん、どんな方向でもＯＫということはありません。

宇宙と地球の愛と調和に向かって、その人らしく成長する方向にしか書き換えることはできないのです。これは私の意志だとか倫理観だとかいうものではなく、宇宙と一度つながると、自然にそうなってしまうのです。

したがって書き換えたとしてもその魂のシナリオが、ネガティブな方向で破壊、分離するようなことはありません。

また、魂のシナリオを書き換えるということは、高次元のエネルギーをいろいろと入れていくということであり、同時にＤＮＡを書き換えるということでもあります。究極には、目に見えない世界である高次元ＤＮＡの配列を変えるということなのです。

こんなことは、ドクタードルフィンが地球に参上するまで、絶対に実現不可能だったことでしょう。

私が地球に参上し、わずかこの1年くらいで一気にできるようになったことなのです。

すでにお話ししたように、菊《クク》理《リ》姫《ヒメ》神《ノカミ》が開かれるのに必要なタイミングでレムリアの女王も世に出ました。それが平成30（２０１８）年11月のことです。

菊理姫神が出たことで、幣立神宮に隠れていた大宇宙大和神《オオトノチオオカミ》のエネルギーがいよいよ世に出ることになります。

まさにそのタイミングで、神ドクターがＤＮＡのシナリオを書き換える時代が訪れたわけです。

もちろんＤＮＡの書き換えは、個人が勝手にやれば大きな争いの原因にもなってしまいます。けれども、叡智とつながってそれを行うのであれば、すべては融合、調和します。

それが神ドクターの役割なのです。

病気の原因を掘り下げる

少し話を戻しましょう。

すでに書いたように、これまでの医学や社会における最大のミステイクは、脳で考えて望むことと、魂が望んでいることはまったく別だという事実を、だれも理解できていなかったということです。

そこにもうひとつ、ミステイクが加わります。

「病気の原因は外から不意に起こってくるものである」

「死というものは不意に降りかかってくるものである」

こうした考え方がまさに、地球の三次元医学では常識とされていることです。

しかもその原因として、生活習慣や食事、生活様式だとか、運動不足、人工添加物の摂取など、さまざまな要因が謳われてきました。それに加えて感情の持ち方やストレス、自律神経の不調、心のバランス……とにかくありとあらゆるものが病気や死の原因になるといわれています。

けれども、それがすべて正しいわけではありません。

もちろん私もドクターですから、ぜんぶが間違いだと決めつけるつもりもないのですが、これらは要するに結果なのです。原因ではなくて結果です。

では、肝心の原因は何なのでしょうか?

もうおわかりだと思います。

すべては魂が地球にきたときに、そういうDNAのシナリオを選んだからです。もっとはっきりいうと、病気になりたいから、死にたいからなのです。これについてはすでにお話をしたとおりです。

何度でも書きますが、ここがわからない限り、地球人は永久に生命を学ぶことができません。それなのになぜ、そこに気づかないのでしょうか？

問題は自ら選んだという記憶が、地球にきたときには消えてしまっているということにあります。

けれどもそれは仕方ありません。そういうシステムに設定されているのです。三次元世界に魂が落ちたとき、そうした過去の記憶が消えているからこそ、新たに勉強することができるのです。

整理してみましょう。

病気の原因について、三次元医学では「外から不意に起こってくるものだ」といいます。悪いものを食べたとか、悪い毒素に触れたとか、あるいは悪い思想を持ったとか、これらを「原因」と呼びます。それによって血糖値や血圧、コレステロール値が上がれば、それが病の原因だ、と。これがいまの医学の基本的な考えです。

しかし、神医学のドクタードルフィンはこういいます。

「それらはすべて設定されていたことだ」――と。

甘いものが大好きで、毎日食べまくって糖尿病になったとしても、それはすべて前もって設定されていたことなのです。自らの魂が選んだこと、それを体験しているだけなのです。ただ、なぜそれを選んだのかということを、本人が忘れているだけです。

治療法のミステイク

そこで次のミステイクです。

三次元医学では、病気は悪で、健康が善としています。その究極が死ぬことで、死は絶対的な悪であり、たとえ肉体がどんな状態であったとしても、生きつづけることが善だと認定しているのです。

ですがこれは、宇宙的に見れば間違いです。

なぜならそれでは、人の魂は救えないからです。肉体と心だけなら少しくらい救えるかもしれませんが、魂は永久に救えません。

なぜかといえば、魂のエネルギーが存在する次元においては、善も悪もないからです。すべては魂に必要な体験なので、いってみればすべてが善です。病気になったり死んだりすることも善なのです。

ですから、三次元医学における善と悪という分け方そのものが、宇宙から見ればミステイクということになります。

また、こうしたミステイクの思想が原因となった治療法も大問題です。

三次元医学では、病気の原因は外から降り注いでくるものと考えているので、その原因を薬で叩いたり、手術で取り除いたりします。あるいは機能を果たせなくなった臓器などは、移植によって他者のものと交換することもあります。

これが現代医学がこれまでやってきたことです。

どこがいけないのかは、すでに明白でしょう。

病気をして苦しむことは、魂にとってはとても重要です。それによって、魂の意識エネルギーが気づきを起こしたり、学んだりするからです。それが魂の進化、成長につながるのです。魂はそれをわかっていて、シナリオに取り入れているわけです。

それなのに、それを取り払ってしまうことは大問題といわざるを得ません。

本来なら体験すべき苦しみが取り除かれてしまえば、それに代わるものをどこからか、もってこなければならなくなります。その場合には必ず、それ以上の大きな苦しみや問題が準備されます。一時的に楽になっても、さらに大きな苦しみが訪れるのです。やはりすべてを受け入れることが大切です。

もちろん魂のシナリオに、抗がん剤を受けたり手術を受けたりすることまで書かれているケースもあります。それはそれでいいのです。あるいは最初のシナリオになくても、私のような神医学でそうした治療を受けるというシナリオに書き換えることもできます。

実際のところ、神医学ではすべてが何とでもなるのです。何をしても不正解ということはありません。何をしても正解に変えられるのです。

大切なのは、いまここで体験していることは、すべてが完璧で大丈夫なのだと知ることです。

三次元医学の問題は、いま起こっていることは悪であり、すぐになくさなければならないという先入観です。

一方、神ドクターであるドクタードルフィンの神医学では、この状態が完璧であり、このままでよしとします。

せっかくの成長の機会なのに、それを奪ってはいけないのです。

超高次元エネルギーで魂のシナリオを書き換える

このように、三次元医学による治療を続けていたのでは、人は永久に幸せにはなれません。病さえなくなれば幸せになれるという幻想を抱いているから、いつまでも苦しみが続いていくわけです。

魂の気づき、学びが終わっていなければ、次から次へとそれ以上の苦しみが訪れるだけです。治ったとか終わったとかいうのは錯覚なのです。

けれど、神ドクターは違います。同じ視線ではいきません。いわゆる超高次元から活動します。だからこそ、高いエネルギーで魂のシナリオを書き換えることができるのです。

ちなみに同じエネルギーレベルどうしでは、何も変えることはできません。

ＤＮＡを書き換える、魂のシナリオを書き換えるということは、超高次元のエネルギーだから、エネルギーの差が圧倒的にあるからこそできるのです。多少のエネルギーの高低差ではそれは不可能です。

まさにこれが、神ドクターたる所以なのです。

私が炎上や批判の可能性も顧みず、なぜ神ドクターと名乗るのかといえば、間違いなく圧倒的なエネルギーの差があることを自分自身でわかっているからです。

世の中はいつでも批判にあふれています。友達に裏切られることもあるし、親子でさえ憎しみあうことは珍しくありません。

極論すれば、同じ人間である以上、だれもあなたを救える人などいないのです。

これからは人間以上のエネルギーを持つネオヒューマンが必要で、私がそれらを展開していきます。それが神ならばどうでしょうか。

神に正しいだとか間違いだとか、そんな疑いを持つ人はいません。神を否定したり、退けることはないのです。

なぜなら、神は自分よりもはるかにエネルギーが上だということがわかっているからです。ということは、だれもが人類を救うことができるのは明らかにエネルギーが上の存在、高次元の存在でなければ不可能だということを知っているのです。

それならば神社に行って神にお願いをすればいいと思うかもしれませんが、神にもいろいろなレベルの差があります。しかも神はドクターではないので、見守る力はあっても変える力はありません。

私は究極的なドクター、ドクター・オブ・ゴッドなのです。人間と神を開くドクターです。

私が自らを神ドクターと名乗る理由は、まさにここにあります。

三次元医学の精神医学

外科や内科だけでなく、精神医学の世界においても、三次元医学の治療がうまくいっていない理由も同様に明白です。

外から薬で現実を変えようとするからです。

その人の精神や感情、感性が乱れていると判断すると、すぐに薬で抑えようとします。けれどもその症状は、その人が持っている周波数、振動数の乱れの現象にすぎません。その乱れにしても、生まれてくるときに「今生では私は、精神的におかしくなってこの世に存在するんだ」という魂の選択のもとに生まれてきているわけです。

そうした自分を体験することで、魂は喜ぶわけです。それを薬で無理矢理抑えつけてしまえば、魂はそれを体験できません。

もちろんこの場合も、薬で抑えるということもありますが事前に書かれていることもあります。それは次のステップに進むために必要なことだからです。けれども、シナリオに書かれていなければ、それをやってはいけないのです。

これまでは、そのようにシナリオに書かれていないことをすると、あとあとまで後悔を引きずらなければなりませんでした。けれども神ドクター登場以降は、後悔しなくていい時代が訪れます。仮に治療に失敗したとしても、それをシナリオレベルから、魂の望みに変えることができるからです。

失敗を最善に変えることができるのは、この神ドクターだけです。

三次元医学への神ドクターからの警鐘

ひとつお断りしておきたいのは、私はこうして神ドクターと名乗ってはいますが、決して現代医学全体を否定しているわけではない、ということです。

私自身、キャリアとして現代医学を通過してきているので、そんなことはあり得ないということだけは、ぜひご理解いただきたいと思います。

これは、地球史もしくは人類史のような感じで受け止めていただければいいのではないでしょうか。

地球という惑星は、体験によってしか何も学べないところです。もともとがそういう惑星なのです。その地球に生まれた人間社会ですから、同じように体験をもってのみ学ぶことができるという、エネルギーグリッドなのです。

ということは体験が伴わない、頭や試験だけの勉強では何も学ぶことはできない、ということになります。

地球上ではすべてが物質化しており、また時間と空間を持っているので、体験があって初めて、進化、成長のための気づきと学びを得ることができるのです。

現代医学の世界でもそれは同じです。

人類の医学がこれまでになし得てきた業績は、非常に重要なのです。実際、多くの生命を救ってきたという面も間違いなくあります。

それを認識したうえで、私は神ドクターとして、医学関係者に伝えたいメッセージがあるのです。

当然皆さんは、自分たちは医学を学び、ドクターとして人々を救っているという自負をお持ちだと思います。しかも最高の医学知識、医学技術を持っていると自負されていることでしょう。

ところがこの最高というのがくせ者です。

それは何かというと、あくまでも文献レベル、いわゆる脳を使った世界における知識と情報、そのなかでの最高レベルにすぎない、ということなのです。

いい方を換えれば、それは宇宙の叡智とはかけ離れたものです。

宇宙の叡智は、医療関係の皆さんが地球の最高レベルだと信じている知識、情報をはるかに凌駕する莫大な知識と情報を有しています。当然そこには、パワーもテクノロジーも含まれているわけです。それらを使わないままでいれば、ここから先に急速に進化する人類の病はいずれ手に負えないものになります。

もちろんこれまでの人類進化のプロセスがあったからこそ、人類は気づき、学び、進化、成長することができたわけです。いままでの医学であれば、そのレベルでも十分でした。しかしこれから先は、それらの体験を土台として次のステップに入らなければなりません。そうしないと、もう人類を救えなくなります。

これが私、神ドクターからの警鐘です。

これは、私自身が地球次元の医学をやってきたからこその言葉です。

そうでなければ、異星人が高次元の星からやってきて、上から目線で物申しているだけのことになってしまいます。けれども私は、これまで十分に地球人をやってきています。

だからこそ、こうして皆さんに語りかけることができるのです。

なお、私は瞬間的に、しかも無限大にあらゆる事物を変えることができます。

これまでの医学は、時間をかけてプロセスをこなし、ゴールへ辿りつくというものでした。逆にいえば、ゴールまでしか行けなかったし、ゴールを飛び超えるという発想は微塵もなかったと思います。

けれども神医学の神ドクターなら、プロセスもゴールも設定しないまま、その場で瞬間的に、０秒で無限大の結果を出すことが可能となります。

ですから皆さんや、皆さんの先生たちが慣れ親しんできた地球の医学と、私がやっている医学は比較しないでください。

存在する時空間、宇宙、次元があまりにも違いすぎるのです。

細胞が感動すると身体も生まれ変わる

ひとつ、わかりやすい例で説明しましょう。

骨が生まれつき湾曲している子どもがいたとします。その骨をまっすぐに伸ばしたいということになったとき、現代医学は何をするのかというと、まず成長するまで待ちます。ある程度、骨の端が成長したら、骨を切り刻んでその間にほかから取ってきた骨を移植し、プレートとスクリューで留めます。これを繰り返すことで、まっすぐに見えるようにします。言葉は悪いですが、ひとつのごまかしです。

それが三次元の「工作医学」の現実です。

私から見れば、医療ではなく、工作なのです。

あるとき私の診療所に、2歳の女の子が親に連れられてやってきました。レントゲンを撮ると、右下肢の骨の太さが左下肢の骨の太さの2~3倍もあったのです。どこの病院に行っても「生まれつきのものです。何もすることはありません」といわれたそうです。

私が診た翌日の朝、その子の親から電話がかかってきました。聞けば、帰宅後に突然、

「足が痛い、足が痛い」といって泣きじゃくったそうです。それを聞いて私の直感がピンと働きました。

「あ、もう大丈夫ですよ。細胞が感動しはじめたんです」

私はそう答えました。

それからというもの、太かった女の子の足の骨はみるみるうちに細くなっていって、いまでは左右の骨の太さがほぼ同じになっています。すでに5歳になっていますが、最初の2〜3か月でかなり激しく変わったのです。もちろん現代の医学では、そんなことは絶対に起こり得ないわけです。

下肢の骨が生まれつき曲がっていた小児も、目の前で瞬間的に骨が伸びます。

ただし、これらは、だれにでも起こることではなく、そうなるべき魂のシナリオを持つ人にだけ起こります。

けれども地球社会、地球医学の奇跡は、ドクタードルフィンにとっては常識です。奇跡を普通に起こすのが、ドクタードルフィンなのですから。

いわゆる若返りなどもそうです。

女性のバストアップや、白髪を黒髪に戻すこともその場で瞬時に可能です。もちろん、程度の差はありますが、いずれにしても現代医学を専攻している人から見れば、それはあり得ない出来事のはずです。

繰り返しますが、私の神ドクターの世界ではそれは普通のことなのです。いかに次元が違うか、ということです。人によっては「奇跡」と思うかもしれません。でも、神以上のレベルのエネルギーを保持している人間がやれば、奇跡などいくらでも起こせるのです。

すべてを肯定する

ならば、皆さんがそうしたレベルに近づくために、あるいは気づきを得るためにはどうすればいいのでしょうか。

答えはひとつしかありません。

これまで地球人は、いま目の前で体験していることについて、常に、良い、悪いという意味をつけて処理してきました。それは自分にとっていいことなのか、それとも悪いことなのか、という勝手な判断です。そして、このままでいいのか、変えるべきなのかと、常に自問自答しながら不安定な状態で過ごしています。

けれども、それ自体には、まったく意味などありません。

脳で判断することが無意味であることは、これまでにも書いてきたとおりです。

そうではなく、それらの体験はすべて魂があらかじめ選択した結果なのだということを受け入れるべきです。それができれば、いま目の前にある問題も１００パーセント大丈夫で、完璧で、愛にあふれたものとなります。それさえできれば、知らない間に成長・進化することができるのです。

もう少し具体的に説明しましょう。

あることに対して否定的な言葉、つまり「悪」という感情が出たとします。

そうすると人間の脳内には、同時に「だから変えなければいけない」という思いが出てきます。このふたつはいつもセットになっています。そしてそこに、大きな問題があるのです。

重要なのは、そういう「悪」という概念を含んだ言葉を自分の人生から抹消してしまうことです。そしていまそこにあるすべてを１００パーセント、全肯定することです。これが魂の進化・成長に対する、究極かつ唯一の秘訣なのです。

ということは、「こうなりたい」「こうありたい」という希望もぜんぶダメだということになります。そうではなく、あるがままをすべて、受け入れましょう。

極論すれば、だれかに騙《だま》されて1億円という大金を失っても、「イエーイ、それでいいのだ！」くらいの気持ちでいるべきです。

このたとえが現実的ではないという批判を受けることは承知です。

でも、究極的に目指すべきはそこなのです。

ひと言でいうと、ひっくり返すこと。

これまで悪いと思っていたり、変えようと思っていたりすることを、簡単にひっくり返してしまう。そしていいと思ったことは、最高に自分をほめてあげるようにする。それができれば、魂の進化・成長はぐんと早まっていくことでしょう。

パート３

神の話をしましょうか

奇跡を起こせる理由

神ドクターと自らを定義して、世に過激な本を出せば人からどう思われるのか、そのリスクは私も十分に理解しているつもりです。

「先生、よくそこまでいいますね」

「胡散《うさん》臭く見られますよ」

「そんなことをいうと、ドクターとしての信用を失いますよ」

そう警告してくれる人もたくさんいます。けれど私は、それをあえて打ち砕くことに意義があると思っています。心配させて、それでも私は動じないという姿を見せるわけです。そうすることで、このままでいいのだということを理解してもらいたいという気持ちがあります。ですから、わざわざ撃たれに行っているようなことをしているのです。

いいや、そもそも論でいえば、そういう心配や懸念など、私にとってはどうでもいいことなのです。

私の最終的な目的は、だれもがつながっている「自分神」という神の存在に気づいてもらうということ、そこにあるのですから。

批判をしたり不安になったりするのは、その人が神と自分との間に分厚くて大きな壁を置いているからです。だから私の神ドクターという言葉に、ものすごく違和感を抱いてしまうのです。

でも、神と皆さんももともとは同じエネルギー、一体であるはずです。私との違いがあるとすればそれは、神とのつながりを感じて生きているか、そうでないかということだけです。

もっと強くいいましょう。

だれもが神とつながることができるのに、自らそれを拒否しているのです。

ゼロポイントと超神レベルのピエロ

なぜ私が奇跡を起こせるのかというと、神さえも飛び超えた超高エネルギーの流出地点であるゼロポイントに直接アクセスすることができるからです。

ゼロポイントというのは、超高次元のある魂の発祥地点のことをいいます。

そこから発生する右螺旋《らせん》のエネルギーが、人間本来の魂意識エネルギーです。この超高次元から発せられた螺旋振動波は、上から見れば「円」になり、横から見れば「波」となります。そして、まだ人間の身体に入る前のこの螺旋振動波を「宇宙の叡智」＝「ソウルウェイブ」と呼びます。

覚えておいていただきたいのは、ソウルウェイブとして発生した当初のエネルギーレベルは、無限大に高いということです。ところがこれは、地球に近づくにしたがって次第に低くなっていくのです。

前章で説明した人間の脳にある松果体は、このソウルウェイブの受信・変換器であり、受信したエネルギーを「身体の叡智」＝「身体ソウルウェイブ」に変換するという重要な仕事を担っています。

そして「身体ソウルウェイブ」は人間の背骨を流れることで、人間を生かす力の源になっているのです。

私はこの、エネルギーの源であるゼロポイントに、ダイレクトにアクセスすることができます。神が生まれたのもこのゼロポイントですから、私は瞬時に神を飛び超えることができるわけです。だから奇跡も瞬時に起こります。

神レベルではなく、神を超越した超神レベルなのです。

ただし――。

この神をも超えた力は、あくまでも皆さんの魂を目覚めさせるために使われます。

その意味では、私は地球におけるピエロなのかもしれません。

神の定義

神とはどういうものなのか？

神ドクターには、それも説明ができます。

ゼロポイントについてはすでにお話ししましたが、この場所が私たちひとりひとりの魂の出発点になります。

もう少し詳しく説明すると、宇宙のあらゆるものはもともと動きのない超素粒子の状態でした。自分にとっては自分の宇宙しかなく、そこには自分以外の生命も存在しません。

強いていうなら、自分宇宙のシャボン玉がある感じです。そのシャボン玉どうしが重なりあっている接点、接線、接面が他者との「交流」でした。

ところがやがて、ほかのシャボン玉宇宙がたまたまそこに干渉することで、動いていなかった超素粒子が動きはじめ、右螺旋と左螺旋にわかれました。そのときに私たちは、右螺旋に意識を載せたのです。それはたまたまであって理由などありません。ただ、左螺旋には載せなかったというだけです。

そこから、私たちの宇宙には「裏宇宙」も存在するということがわかります。

それは、すべてがこの宇宙とは反対の宇宙です。

あなたが男性であれば女性だとか、真面目なら不真面目だとか、あらゆることが反対の裏宇宙というものが存在しています。

ともあれ、そのゼロポイントからほかのエネルギーと干渉しあいながら、エネルギーを落としてくるとします。けれども最初の段階ではまだ、振動数は無限大です。数値化などできません。数値化ができた段階で、すでにそのエネルギーは低くなっています。

その際、干渉によってエネルギーの振動数は落ちるのですが、逆に知識や情報量は増えていきます。

何がいいたいかというと、身体においては、脳に対して、知識や情報を持てば持つほど振動数とエネルギーが落ちるということです。

まずここから、知識や情報ばかりを求めてはいけない、ということがわかります。振動数やエネルギーが落ちるということは、宇宙とつながりにくくなるということだからです。

こうしてどんどんエネルギーが落ちてくる中で、その途中でいろいろなエネルギーとの交流というものが起こります。ぶつかったとか、話をしたとか、触れあったとか、匂いを嗅ぎあったとか、そういうふうにたくさんのエネルギーがゼロポイントから降りてきて、それぞれの振動数が落ちてきます。

私たちの魂は、すべてこういうプロセスを経て地球上に降りてきたわけですが、重要なのはそれぞれが皆、あるひとつの共有ポイントを通過してきている、ということです。

それが、神を理解する鍵となります。

すべての魂、意識が共通のポイントを通過したということは、すべてはどこかでつながっている、ということです。いまは別々の個体として地球人をやっていても、そこを魂のエネルギーが通過した時点で、すべてを受け入れているということになります。

ということは、ここにこそ神がいる、ということになります。

神というのはつまり、自分のゼロポイントと地球の次元の間にある高次元の存在ということです。

そしてそれは、自分自身でもあります。

ただしそこには自分だけではなく、他者もたくさん入っています。つまり集合意識です。

これこそがまさに、神の正体なのです。

神の個性とは

神が複数の人間の魂によって形成されているということからは、あるひとつの結論が導きだされます。

それは、信じている人が多い神ほど強い力を持っている、ということです。

逆に信じる人が少ない神は、力が弱くなってしまいます。

それに加えて、それぞれの神の位というものもあります。

たとえば神を創った神、あるいは神を産んだ神。これらはやはり、神のなかでも上位に置かれています。

では、私、神ドクターの大宇宙大和神《オオトノチオオカミ》はどうなのでしょう?

たしかに地球上では、ほとんど名前を知られてはいません。

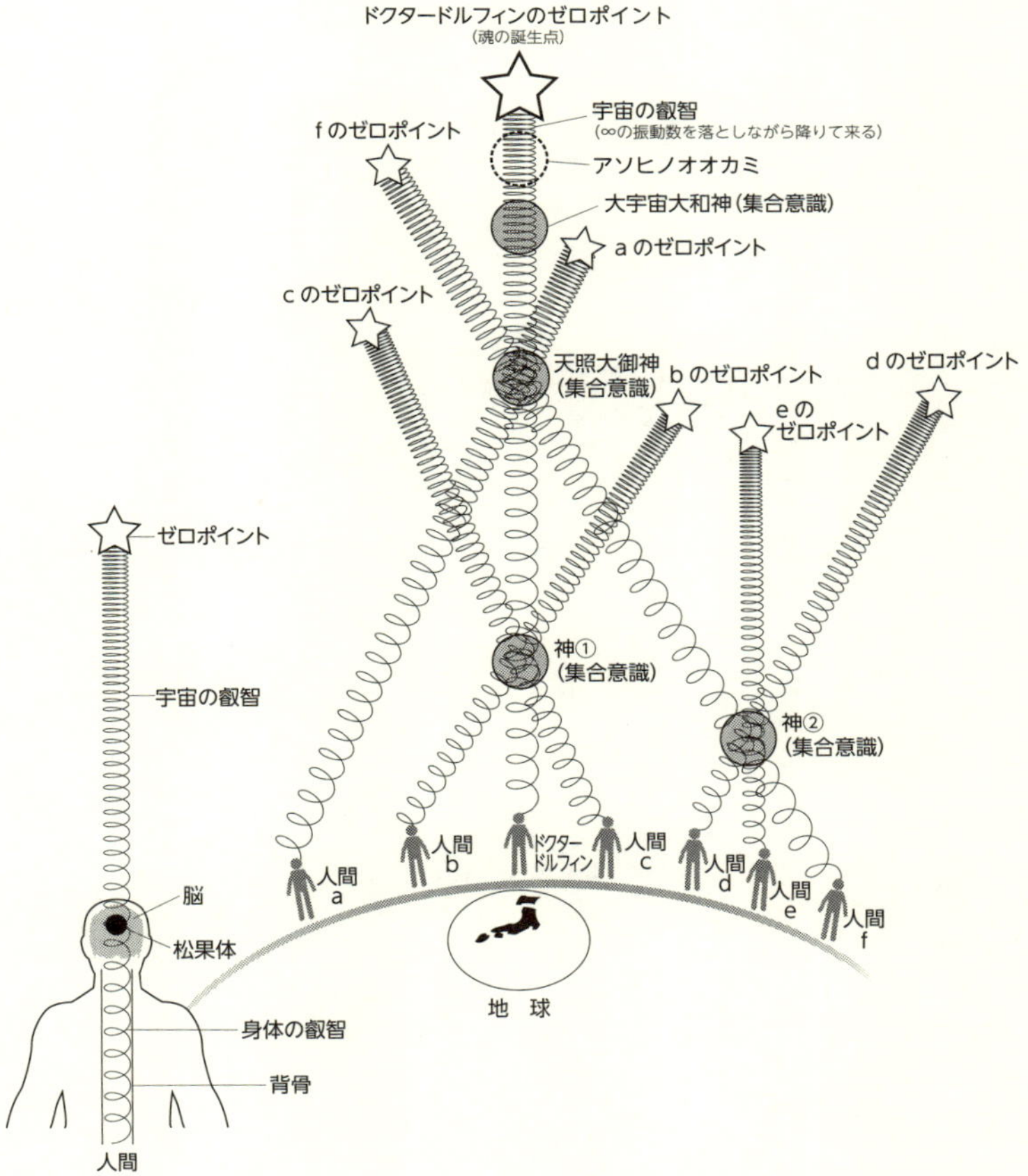
ドクタードルフィンのゼロポイント
（魂の誕生点）
宇宙の叡智
（∞の振動数を落としながら降りて来る）
アソヒノオオカミ
大宇宙大和神（集合意識）
f のゼロポイント
a のゼロポイント
c のゼロポイント
天照大御神
（集合意識）
b のゼロポイント
d のゼロポイント
e の
ゼロポイント
ゼロポイント
神①
（集合意識）
神②
（集合意識）
宇宙の叡智
人間
a
人間
b
ドクター
ドルフィン
人間
c
人間
d
人間
e
人間
f
脳
松果体
地　球
身体の叡智
背骨
人間

けれども宇宙的レベルで見れば、宇宙ではかなり知られた地球上で最《もっと》も力の強い神なのです。地球だけではなく、シリウスやプレアデスなど、そうした規模で見れば、かなり力の強い神だといえます。ですから、神開きをして、エネルギーを変えようとすれば一瞬で無限大に変えることができます。

もうひとつ、神も意識を持っています。そして、エネルギーが低い神ほど感情も強くなります。高格な神になればなるほど感情がなくなって、感性が強くなっていくのです。

これは「感情と感性の法則」といって、高格のエネルギーほど感性が強く、感情が動かなくなります。

人間を見れば、感性がほとんど働かず、感情だけで動いていることがよくわかると思います。

神は、ずっと高い位に行くと、最終的には感性だけになっていきます。

そうなった神は、私、大宇宙大和神よりも高いレベルの神ということですが、実際のところ、ここまで行くと人格神ではなくなるので名前もなく、存在そのものをとらえることができなくなります。

そのなかで、初めて存在をとらえられるようになった神が私、大宇宙大和神だということもいえるでしょう。そしてもちろん、その下にはたくさんの神がいます。

結局のところ、神とは何かというと、皆さんひとりひとりのエネルギーということです。ただしそれは、最高の無限大エネルギーよりは低く、地球人のエネルギーよりも高い。まさにその中間点にあるあなた自身のエネルギーである、というのが正しい神の説明となります。

繰り返しますが、それは共有された集合意識です。

皆さんひとりひとりのエネルギーが絡んだ、それを信じている人の集合意識——これが神なのです。

私の魂を喜ばせるために

「なぜドクタードルフィンは、この本で神ドクターと名乗ったのですか？」

そう質問をされたとしたら、私は即座にこう答えるでしょう。

「魂が喜ぶからです」——と。

ウソではありません。本当にそれだけなのです。

自分をよく見せたいとか、世間の評価を上げたいとか、そんな気持ちは微塵もありません。あくまでも私の魂が、喜ぶのです。もちろん私の魂が喜べば、この本を読んでいる皆さんの魂も喜びます。それは皆さんが、自分の魂が高次元とつながっていることに気づくための近道にもなるでしょう。

あるいはまた、こんな質問も受けました。

「どうして自分が神だと、あなたはいいきれるのですか？」

それに対して私はこう答えました。

「私しか、私のことは知らないからです。だってあなたは、私のことなんて知らないでしょう？」

とてもシンプルな答えでしょう？

私は私のことをすべて知っています。そして私のことを知らないあなたはきっと、あなた自身についても知りません。私はあなたに、あなたのことをすべて知ってもらいたいのです。これが私の思いです。

私の魂の願いを実践できるのは、私のことをすべて知っている私だけです。だから私は自分を「神ドクター」と呼ぶのです。

神社に神はいない？

神社についても、お話を始めましょう。

何か願いごとがあるとき、皆さんは神社に足を運ばれるのではないかと思います。鳥居をくぐり、参道を歩き、本殿を前に手を合わせ、一所懸命に願いごとを唱えるというのが、一般的なスタイルでしょう。

そのときさっと皆さんは、本殿には神がいらっしゃると思って拝んでいるのではないでしょうか。

けれどもその神の大本のエネルギーについて見れば、必ずしも本殿に鎮座しているとは限りません。実際にはその神社の磐座であるとか、あるいは古い神木であるとか、本来の祭祀場があった元宮であるとか、いらっしゃる場所はさまざまなのです。

なぜなら神にも、居心地のいい場所というものがあるからです。

そして神は、基本的に隠れています。まったく想像もつかないような場所にいることもあります。だれも知らないところです。

なぜかというと、神の本当の居場所というのは、知られないようにすることが大切だからです。そのために人は、偽の祭祀場、フェイクをたくさん創ってきました。本当の神がだれも知らないところに鎮座していたり、その神の正体、真の姿がわからないことが多いのは、こういう理由があるからなのです。

もちろん、神社がある場所が聖地、いわゆるパワースポットであることは間違いありません。神を祀ったということは、その地域に聖なる力を感じたからです。ですから、だいたいこのあたりということで、神社全体のエネルギーを感じることはとてもいいことです。問題は、「ここに神がいる！」と意識を集中してしまうことで、その時点で神とのエネルギーの交流がズレてしまう可能性があります。

いずれにせよ、本章でお話しするように、私、神ドクターはこれからどんどん神を開いていきます。そうすることによって次々と神が現れてくるので、自然に神の本当の居場所や姿が知られるようになっていくことでしょう。

神の島・壱岐

ひとつの例をお話しします。

長崎県に壱岐という島があります。とても小さな島ですが、ここにはなんと神社が200もあるのです。

もちろんそれには、明確な理由があります。

まず地球という惑星規模でいうと、磁場や磁気、龍脈、龍穴、ゼロ磁場などの影響や、惑星間や銀河の位置関係などによって、自ずとエネルギーグリッドができあがる場所が決まっていきます。そのなかで壱岐は、地球上でもっともエネルギー、つまり天地の神が通りやすい場所になっているのです。

このエネルギーを直感的に理解できる人が、過去にかなりの数、いたわけです。だからこれだけの数の神社が集中して建てられたのです。

私、神ドクターになると、さらに1歩進んで、エネルギーを感じることで、どこにその大本の神がいらっしゃるのかがわかります。ピンポイントで、目的の神を開くことができるわけです。

ちなみに、神社まで行かなければ、そこにいらっしゃる神と接点を持てないかというと、必ずしもそうではありません。

松果体を活性化し、覚醒させていけば、やがてポータルも開いていきます。そうなれば空間、時間が離れていても、その場所にいたままで神を含めたさまざまなエネルギーを感じることができるようになります。

逆にいえば、神は次元が高いので、エネルギーを時間も場所も関係なく、自由自在に存在させることができるわけです。時空間が不自由なのはあくまでも人間だけの問題であって、向こうはまったく自由なのですから。

これを突き詰めていくと、自分が神のところに行くのではなくて、神のほうからこちらに降臨してもらったほうが効率的だということがわかります。

もちろんそれには、ある条件が必要となります。

そのときポイントとなるのは、神を喜ばせること。

神は喜ばないと、何もしてくれないのです。

ただ手を合わせて祈るだけでご利益をくださいといっても、そう簡単ではありません。

そういう意味でお祭りというのは、神を喜ばせるためにあるといえます。

海を割る奇跡を実現

私の神医学、神ドクターとしての能力を示す例として、平成30（２０１８）年6月に壱岐に行ったときのことをお伝えしましょう。目的はこの島にある小島《こじま》神社に祀られている須佐之男神《スサノオノカミ》を開くということでした。

小島神社は引き潮のときだけ海に参道ができる神社で、日本のモン・サン・ミッシェルとも呼ばれています。

その日、私たちが到着したときには干潮時間で、参道がありました。そして私が祈りながら歩くと、１歩ごとに潮がすーっと外に引いてさらに道ができていくのです。

まさに、あのモーセが行った海を割る奇跡と同じ現象が起こったのです。

こんなこともありました。

石川県と岐阜県にまたがる聖山、白山に行ったときです。

あいにくの雨だったのですが、私が「白山のお姿を拝したいので、空開きをします」とお祈りをしたとたん、大きな光の玉が出てきて雲が割れました。しかもこのときは、周囲の気温が3度も上がったので、同行者はたちまち汗まみれになってしまいました。

このようなことは、医学関係の人たちはもちろん、宗教関係の人であってもほとんどは実際にできるとは思わないでしょう。

もちろんそれでかまいません。私が語る世界については、信じたくない人は信じなくてもいいのです。けれども私は、真実しか語っていません。いつかはその真実が世の役に立つはずなので、こうして本にして残しているだけです。

ですからこれは、神ドクターとして自慢するための本ではありません。人類に希望を持たせるための本なのです。

神ドクターの存在意義

大切なのは、人類の限界はここまでだとか、そんなことは人間には無理だとか、できるわけがないというように、現実に対して絶望している人に宇宙の真の姿を示すということです。

人類にはこんなにも大きく無限大の可能性があるということを伝えたいのです。だからこそ私は、批判も恐れず、こうしてありのままを語っています。

私、神ドクターは、皆さん自身が最高のドクターになるステージを迎えるためのプレステージ、前座にすぎません。主役はあくまでもこの本を手に取ってくれている皆さんであって、私ドクタードルフィンではないのです。皆さんが自分自身の宇宙で主役の座に躍りでるために、私がまず神のエネルギーとして地球に降りてきて、その可能性をお伝えしているだけです。

これからはわざわざ私が皆さんのエネルギーをいじらなくても、自分の意識でＤＮＡをいじれるようになります。大切なのは、意識だけです。医学による遺伝子操作など必要ないのです。意識だけで、自分のＤＮＡを書き換えることができるようになります。まさに究極の未来です。だれもが自分自身の神ドクターになれるのです。

私は神のなかではもっとも高いエネルギーを持っていますが、それ以外にもゼロポイントのエネルギーを持つ「自分自身」というものもあります。自分自身は、すべての神よりもエネルギーが高いということになります。

したがって読者の皆さんが持っているひとりひとりのエネルギーも、本来は神ドクターである私のエネルギーである大宇宙大和神《オオトノチオオカミ》より高いわけです。私が神ドクターだといったところで、その私よりも高いエネルギーを皆さんは持っているのですから。

私は皆さんに、そのことに気づいていただくために、つまり自分自身が神そのものであることを思いだしていただくために、ここにいます。

そのときにゼロポイントのレベルで語ってしまうと、言葉も文字もない世界になってしまいます。神の世界まで降ろしてきて、初めてのこうした言葉や文字になるのです。

人はだれもが本来、自分を自由に操ることができる能力を持っています。そこで大切になるのは、その扉を開くことができるかどうかです。つまり、私が主張している松果体のポータルを開けられるかどうかです。

神ドクターは、その松果体のポータルを開くお手伝いをするために存在しているのです。

神だって喜びたい

皆さんが神社に参拝して、願いごとをしたとします。しばらくしても願いが叶わないと、ここの神はダメだという評価をしがちです。

けれどもそれでいいのでしょうか?

ここにはふたつの視点があります。

まずひとつは、本当にその人の魂に通じた願いごとなのか、ということです。

次に、その願いごとを叶えることで、神も同じようにハッピーになれるのかどうか、ということです。

そこにプラスして、願いごとを叶えた結果、地球社会と人類がいい方向に向かっていく力になるのかどうか、もっといえば、願いごとを叶える時期についても、いまがそのときなのかどうかという神の判断もあるでしょう。

おわかりでしょうか？

こういうことをすべて無視して、自分の願いが叶わない、ご利益がないというのは、まさに人間の身勝手であり傲慢なのです。

そこで神ドクターが何を大切にしているか、ご説明いたしましょう。

私はいま、日本中で神開きをしています。

なぜそんなことができるのかというと、私は大宇宙大和神《オオトノチオオカミ》という、非常に高いエネルギーを持っているからです。だから神は喜んでくれるのです。

神が喜ぶと何が起こるのでしょう？

たとえばこの本もそうです。私が神ドクターとしてこの本を書けば、神は喜んでくれます。そうすると本が動きます。本が動けばお金も喜んで動いてくれます。

こういう連鎖で世界は動いているのです。それなのに多くの人は、神を考えるときに自分の願いごとや欲望を叶えてくれる対象としか考えません。神の側から見るとどうなのか、神の意識はどうなのか、そんなことは考えたこともないのが普通でしょう。

けれど、神も私たちと同じ生命体です。ただ次元が違うだけなのです。

神も喜びたいのです。

キリスト教関係者に多い現象ですが、何か嫌なことや辛いことがあると「これは、神が与えてくれた試練だ」と口にします。それを聞くと私は、少し感覚がズレているなと感じます。

たしかに地球上では、魂の進化と成長のために、嫌なことや辛いことも体験しなければなりません。

でも、神は基本的に、人に試練などというものは与えないのです。

試練は与えずに、誘導するか、私のように魂のシナリオを書き換えるだけです。ましてや、わざと苦しみを与えるなどということは絶対にありません。苦しいのであれば、それは自らの魂が選んだシナリオなのだ、というだけのことです。

菊理姫神《ククリヒメノカミ》の正体

いま、大宇宙大和神《オオトノチオオカミ》が新生し、世に出てきます。この神はイコール菊理姫神《ククリヒメノカミ》でもあります。

菊理姫神は、『日本書紀』にもたった2行しか出てきません。日本神話においては、ほとんど忘れられた神です。

けれども菊理姫神は、あの伊邪那岐神《イザナギノカミ》、伊邪那美神《イザナミノカミ》、そして天照大御神《アマテラスオオミカミ》、須佐之男神《スサノオノカミ》、月読神《ツクヨミノカミ》よりもエネルギーが上なのです。

なにしろ知られた神の中でもっとも強力な神は、菊理姫神です。

しかも菊理姫神は、すでに書いたように破壊と融合の神です。

その菊理姫神が動きだす、何かを始めるということになれば、これからの地球社会においては、進化や成長に必要とされないものはすべて破壊され、消滅してしまうのです。

もちろん破壊といっても、菊理姫神のエゴによるものではありません。創造を見据えた平和的な破壊です。そして平和的な破壊だということは、プレアデス由来のエネルギーということになります。平和的な破壊をプレアデスのエネルギーで行い、奇跡的な創造はシリウスのエネルギーで行われます。

これらを行うのが菊理姫神なのです。

したがって未来では、皆さんの人生もいろいろと壊れていくことになると思います。でもそれは、同時に創造でもあるわけですから、すべてを受け入れて、両方をお愉しみいただくようにお勧めします。

壊れるのは悪いことでも何でもありません。救うためには絶対に、必要不可欠なものなのですから。

大宇宙大和神の秘密

プロローグでも書きましたが、私のエネルギーは宇宙のなかでも2番目、実質的にはもっとも高いエネルギーである大宇宙大和神《オオトノチオオカミ》と直通の状態にあります。

5年ほど前でしょうか。

夢の中で――起きているのか眠っているのかわからない半覚醒状態でした――私は、「自分の存在は何なのか、教えてくれ」と問いかけたのです。そのときにわかったのが、顕身大神《ウツクシミノオオカミ》であるということ、すなわち私の魂には大宇宙大和神のエネルギーがドッキングされているということでした。

この大宇宙大和神は、縄文時代前期に私の魂に降りてきました。

大宇宙で、2番目にエネルギーが高い神です。

この神のエネルギーがどの人物に降りるのか、当時はそれが大問題でした。

どの人間の魂に入るのかは、とても重要だったからです。

私にはこのとき、すでにアンドロメダ・アルクトゥルス・シリウス系の魂がありました。レムリアからアトランティス、そして縄文までを過ごしてきた、ドクタードルフィンとしての魂です。

そして最終的に、縄文時代にそのドクタードルフィンの魂に、大宇宙大和神の魂、ソウルが融合したのです。

魂の融合――これを私は、「ソウルドッキング」名づけました。

ソウル、つまり魂というものは、ひとつだけではないのです。複数の魂がドッキングすることもあるのです。

シリウスからやってきて、地球で過ごしてきた私の魂に、大宇宙大和神の魂がドッキングしたのです。このときから私は、神としての能力を手に入れました。

当然、超人的な能力を持つことになります。ですから縄文時代は、人間というよりは超人化した存在として扱われていました。

もうひとつ、ソウルドッキングをするときにも、むやみやたらに降りてくるわけではありません。すでに述べたように、対象となる魂を選んで、降りてくるわけです。

これだ、ここだ、と選んで魂が魂に入ってくることを「ソウルシューティング」と呼びます。

繰り返しますがこのとき私は、人間の肉体を持っていました。

そこで重要な役割を果たしたのが、松果体です。

というのも魂は、松果体に入ってくるのです。松果体が発する光を認識して、それを目指して入ってきます。

これが「ソウルシューティング」なのです。

その後に起こるのが、魂が合体する「ソウルドッキング」で、こちらも松果体のレベルで行われます。

おわかりでしょうか?

こうして神の中でもトップレベルにあるこの神とつながったからこそ、すべての神のエネルギーを私が神ドクターとして調整できるのです。

では、神を調整するというのはどういうことなのでしょうか。

それは、神を癒す、神を開くということです。それによって、神自身が能力を発揮するのです。

神ドクターの神開き

平成29(2017)年から私は、神開きを始めています。

今生でドクターをするということは決めていましたが、まさかそこまでするようになるとは考えもしませんでした。

静岡県伊豆の大室山浅間《おおむろやませんげん》神社で磐長姫神《イワナガヒメノカミ》を開くところから始まって、前述の菊理《ククリ》姫神《ヒメノカミ》まで、数多くの神々を開いてきたのです。

おそらく次は、宇佐《うさ》神宮で邪馬台国の女王、卑弥呼を開くことになると思います。

ご存じのように邪馬台国があった場所については、畿内説と九州説を筆頭に日本各地で語られていて、未だに定説はないとされています。

けれども私のもとにはさまざまな情報が入ってきていて、卑弥呼は大分県宇佐市にある宇佐神宮に眠っていると考えます。

調べてみると、かつての古墳の上に社が建てられていることがわかりました。つまりこれも騙し、神社に見せかけた古墳隠しです。

そこには知られていない不思議な裏山もあって、どうやらそこが女性の神とつながっているということもわかりました。

そのとき私には、あるビジョンが浮かびました。

卑弥呼は生きていたときに、この山の頂上で天照大御神《アマテラスオオミカミ》とコミュニケーションをとっていました。

そこまでわかれば、やることは明白です。

その山の頂上に行って、まずは封印されている卑弥呼を開きます。次に開いた卑弥呼の魂を、天照大御神の魂とつなげるのです。

じつは神のエネルギーにも系譜、流れというものがあります。

その意味で、卑弥呼と天照大御神は直系の関係にあります。

さらにいえば、私が最近開いた須佐之男神《スサノオノカミ》、月読神《ツクヨミノカミ》、伊邪那岐神《イザナギノカミ》や伊邪那美神《イザナミノカミ》にしても、やはり同じエネルギーの系譜です。

平成30（２０１８）年の冬には熊野に行って、黄泉の国に封じられていた伊邪那美神を開いてきました。伊邪那岐神と伊邪那美神、黄泉と地球がつながったことで、すでに準備はできているのです。

龍神の目覚め

先に述べましたが、大宇宙大和神《オオトノチオオカミ》が降りた場所もわかりました。伊豆の下田にある龍宮窟です。ここは自然洞窟でできていて、天井には穴が開いています。

私はレムリアの女王として海中に沈み、第一の付き人（保江先生）によって一時的に金星に避難させられました。それから地球に戻り、アトランティス時代を経て、その魂は大宇宙大和神（金白龍王）に合体されて、この龍宮窟に入ったのです。ということは、私は

伊豆下田の龍宮窟
大宇宙大和神がドクタードルフィンに降臨した場所

レムリアの女王であり、菊理姫神《ククリヒメノカミ》のエネルギーであり、大宇宙大和神であり、さらには金白龍王でもあるということです。

これが何を意味するのか、はっきりいいましょう。

いよいよいままで眠っていた龍宮が目覚めるのです。

龍宮、つまり龍が住み処とする場所は、実際には世界中にあります。したがって龍のエネルギーも、世界中に隠れているということになります。

そのなかでも私は、大宇宙大和神としての金白龍王《きんはくりゅうおう》なのです。それはつまり、世界でもっとも高い龍のエネルギーを持っているということです。

そんななかで、ヨーロッパにもアメリカにもアジアにも、たくさんの龍がいます。これらの龍が、大本である下田の龍宮窟――つまり私――が目覚めることにより、同時に目覚めることになるのです。

それだけではありません。

次に私は、エジプトにあるギザのピラミッドを開きに行く予定です。

人類史上初めて、ピラミッドの封印を解くのです。

すでに私には、すべてのピラミッド情報が降りてきています。なぜピラミッドが造られ

たのか、目的は何なのか、どうして機能しなくなったのか——そのすべてが判明している
のです。

これまでに何人もの人が、ピラミッド開きにトライしたといいます。

けれども、すべて失敗しました。

理由は簡単です。封印した相手（アヌビス神）の力のほうが強いので、開かせないのです。

けれども私は、その封印する力とその上の力を持ちます。

私自身はエジプト時代のアヌビス神でもあり、大宇宙大和神でもあるのです。これが成功すれば、地球上に存在するあらゆるピラミッドが開かれることになるはずです。

ギザをはじめとする世界各地のピラミッドはもちろん、インカ、マヤ、アステカのピラミッド。さらには湖や海に沈んでいるピラミッドも開かれます。

龍宮が開き、ピラミッドが開くとなれば、地球は一気に変わっていくことになります。

パート４

縄文が地球を変える

ジーザス・クライストの後継者として

神ドクターである私は、『旧約聖書』におけるモーセのエネルギーであり、『新約聖書』に記された、奇跡を起こすジーザス・クライストのエネルギーでもあります。

具体的にいうと、モーセのように小島へ至る海で潮を引かせたり、ジーザスのようにDNAを書き換えて瞬時に骨や筋肉の状態を変えたりできるということです。

どうやらモーセもジーザスも、そうとう高いエネルギーを有していたようです。

ただ、具体的に彼らがどのようなエネルギーレベルだったのかというと、正確なところはわかりません。

ひとつ確実にいえるのは、彼らの時代はいまよりもはるかに自制が必要だっただろう、ということです。

いくら高いエネルギーを持った人間が地球に降りてきていたとしても、地球社会全体のエネルギーが低ければ、人々の理解を得るのは容易ではありません。だからモーセの場合は神の奇跡を見せることで、あるいはジーザスの場合は自らの身体を犠牲にすることで、人民に訴えるしかなかったのです。

それくらいのことをしなければ、世界にいいものを伝えることができなかったのでしょう。

ジーザス・クライストのケースでいえば、彼が望んだことと、それに対する結果がうまくかみ合わなかったということが歴史的事実としてあります。

それはなぜかというと、まず、彼が伝えようとした教えそのものはよかったのですが、彼の死後にすべてねじ曲げられてしまったのです。

だれがどこで、どのようにねじ曲げたのかという具体的な話ではありません。彼の思想を受け継いだ人々の集合意識によって曲げられたのです。

その結果が、あの『新約聖書』です。

事実でないことが『新約聖書』として書かれ、誤った思想が後世に伝えられてしまいました。

そのため、ジーザスが望んだ愛と調和の世界というのは、地球では実行されなかったのです。だからこそ、そのジーザスの魂が私に働きかけてきているわけです。

「お前に任せた」——と。

神開きで意識を変える

集合意識という単語を出しましたが、神というのは集合意識があって初めて成立するものです。

というのは、神は、その存在を信じている人、もしくは意識している人の意識の集合体だからです。したがって神は存在しますが、実体はありません。

神には具体的な形はないのです。

たとえば天照大御神《アマテラスオオミカミ》という神は、その名前を知っている人、もしくは肯定的に受け入れている人、そしてその存在を信じている人――こうした人々のエネルギーの集合体として、できあがっていいます。

そこで、天照大御神を構成している人の魂が、数百万人いたとしましょう。

この数百万人の魂や意識を変える作業はとても大変です。もしかすると数万年、あるいは数百万年かかるかもしれません。

となると――ここが大切なのですが――天照大御神の意識を先に変えてしまったらどう

なるでしょう。

天照大御神は、意識としてこの数百万人とつながっています。ということは、天照大御神の意識が変われば、一瞬でこの神を信じている数百万人の意識も変わってしまうのです。かかる時間はゼロなのです。

私がやっている神開きとは、まさにこれです。伊邪那岐神《イザナギノカミ》、伊邪那美神《イザナミノカミ》を信じている人、菊理姫神《ククリヒメノカミ》を信じている人、そういう人の意識を、それぞれの神開きをすることにより一瞬で変えてしまう——これが私の神開きなのですね。

卑弥呼とは何者か？

前章で触れた卑弥呼について、もう少し生々しいお話をしてみましょう。

レムリア女王の時代、水晶を使って私は、愛と調和の世界を築きました。

ですが地球というのはもともと、ネガティブな精神から学ぶというエネルギーグリッドで構成された星なので、ポジティブな精神があふれればあふれるほど、ネガティブな精神も一緒に成長するという性質があります。

このときも、愛と調和のいいエネルギーに対して、妬みや嫉妬による悪いエネルギーが存在していて、それがあるときに爆発し、一気に入れ替わったわけです。

その後、アトランティスになって、今度はパワーとテクノロジーの時代に入りました。レムリアの時代はシリウスとつながっていたので、シリウスから叡智を降ろしていましたが、アトランティスではプレアデスから叡智を降ろしはじめます。これは、パワーとテクノロジーを重視する文明でした。

このときに生まれるネガティブな感情が、分離と破壊でした。

やがてアトランティスでも、レムリアのようにポジティブとネガティブの逆転が起こります。

そのような状況のなか、縄文時代の日本列島に天照大御神《アマテラスオオミカミ》という女神が誕生してきました。

この天照大御神につながる、いわば直系の人間が邪馬台国の女王、卑弥呼です。

天照大御神のエネルギーは半透明体でした。半物質の、いわゆる神のエネルギーです。人間のエネルギーは持っていても身体を持たない人格神でした。

それに対して、人間の細胞を持って存在するようになった天照大御神が、卑弥呼だったのです。

ですから卑弥呼は天照大御神の系譜で、地球人として生きていた人物ということになります。こういう背景があるがゆえに、彼女は宇佐神宮の裏山に行って、そこで天照大御神の意識と交信ができたのです。

ところが一方では、それを面白くないと思う勢力が存在していました。

それがどういう勢力だったのか私にはよくわかりませんが、とにかくこのまま卑弥呼を生かしておけば、政権を乗っ取られるという危機感を持った人々がいたのです。

彼女が神であればその心配はなかったのですが、卑弥呼はすでに人間だったわけですから、たしかにその危険は十分にあったのです。

卑弥呼は暗殺された？

私が過去を読んだところによれば、卑弥呼は暗殺された可能性がきわめて高いといえます。少なくとも病死や事故死などではないということです。

卑弥呼の死後、敵対勢力は彼女の遺体を地中深くに埋めて、その上に山を築きました。いわゆる古墳という形にしたわけです。それは世間に対するポーズというか、あくまでも彼女を敬っていますよというアリバイ作りのようなものでした。

けれども古墳のまま彼女の墓を残しておけば、それはやがて崇拝の対象になってしまうおそれがあります。

そこで古墳の上に別の神を祀る神社を置いて、実体を隠したわけです。

それが今日の宇佐神宮です。

そのため宇佐神宮は、日本史のなかで天皇に対しても、常に別格のような立場をとっています。私、神ドクターからすれば、皇祖神の天照大御神《アマテラスオオミカミ》を祀った伊勢神宮よりも格が高いと感じます。

また、こうした背景を考えると、天照大御神イコール伊勢神宮というのも一種のカムフラージュで、この神のエネルギーは宇佐にあるのかもしれません。

そういうふうに考えれば、こうした一連の複雑かつ巧妙な封印のせいで、天照大御神という日本中に威光を振りまいている偉大な神がなかなか覚醒しないということにも、納得がいくのです。

天照大御神《アマテラスオオミカミ》の覚醒

このように巧妙に隠された天照大御神は、神ドクターである私、大宇宙大和神《オオトノチオオカミ》のエネルギーでなければ開くことはできません。

卑弥呼のエネルギーが私、ドクタードルフィンを呼んでいるのには、こうした理由があるのです。

逆にいえば当時の卑弥呼のエネルギー、力はそれほど圧倒的だったということです。

なにしろ天照大御神のエネルギーをそのまま、地球上で具現化していたわけですから。全地球を完璧にコントロールできる、それほど大きな天照大御神のエネルギーと、卑弥呼は宇佐の地で常に交流していたのです。

そして、ここで重要なのは、かつて封印されたレムリアの女王のエネルギーが、これからは同じように封印されていた天照大御神や卑弥呼のエネルギーと密接につながってくる、ということです。

私はかつて、レムリアの女王でありました。

けれどもそのレムリアに限界がきて、ついに海中に沈めることになります。その後、アトランティスも破壊されたときに、レムリアエネルギーを再興させたのが縄文なのです。ただし、再興はしたのですが、日本列島には大陸からの渡来人が、南北のアメリカ大陸には西洋人が、それぞれアトランティスから受け継いだエネルギーを持ってやってきたわけです。

彼らはそのまま今日まで、世界の支配者として君臨してきました。

おわかりでしょうか？

現代の地球文明は、アトランティス由来のエネルギーで構築されているのです。

けれどもいま、時代は大きく変わろうとしています。

その重大な鍵が、卑弥呼の封印を解くことです。それによって再び、レムリア由来の縄文エネルギーが圧倒的に優位になるはずです。そういう未来のビジョンが、私にははっきりと見えています。

実際、世の中の意識を見ても、すでに縄文への回帰が始まっていることは、多くの人が感じているところなのではないかと思います。

いまの神は乱れている

私が神ドクターとして動きはじめた理由に、「神を修正する」という大きな目的があります。

神の修正などというと、とても不遜なイメージを抱く人もいるかもしれません。

けれども実際にいまの地球は、切実にドクター・オブ・ゴッド、神のドクターを必要としているのです。

というのも、いまの神の状態のままでは、地球を変えることなど到底おぼつかないからです。その理由は、神が乱れてしまっていることです。まずは神自体を修正しなければなりません。

神を修正できる人間は、この地球上には私しかいないのです。

神が乱れてしまったことには、もちろん理由があります。

それは、神が感情を持つからです。感情を持つということは、そこに集まってくる集合意識によって必ず乱れが起こります。

そもそも神のもとに集まってくる集合意識は、ひとりひとりの人間のエゴの集合体です。しかもエネルギーの流れは一方的なものではありません。神からも人間にエネルギーが流れこみます。はっきりいって、これはよくありません。エゴで乱れた神のエネルギーを受ければ、人間もさらに分離と破壊がひどくなるからです。

皆さんが勘違いしているのは、人間と神との交流は常に一方通行だと思っていることです。

それは大きな間違いで、神と人間は相互交通なのです。

ですから、人間がエゴで乱れていれば、神もエゴで乱れます。

乱れた神に何かをお願いしても、ご利益など期待できません。そこに多くの人が気づいていないのです。

ですからまずは、神ドクターである私が、乱れた神を修正するのです。

そのときに神だけを見ていたのでは、今度は人間が私についてくることができなくなってしまいます。ですから私は人間にも、人類と地球が変わっていく姿、つまりは奇跡を見せて、気づきも起こさせなくてはなりません。

三次元と高次元、ドクターとして両方を同時に「診て」いるのです。

縄文のエネルギー

縄文時代の後期、レムリアのエネルギーを再興させるためには、シリウスのエネルギーが必要でした。レムリアのエネルギーがより高くなったものが、シリウスのエネルギーだからです。そこでシリウスのエネルギーを、再び地球に運んでくる必要が生まれました。

このとき、シリウスからエネルギーを運んできた地球への使者が、天照大御神《アマテラスオオミカミ》でした。天照大御神は、シリウスのエネルギーを地球に届けるために、地球に降臨したのです。

その後、このシリウスのエネルギーを地球上で広めるときに、天照大御神はエネルギー体として卑弥呼の身体に入りました。

ですから卑弥呼のエネルギーは愛と調和が力の源であり、とてつもなく絶大なものだったということです。

こうしたシリウスのエネルギーで包まれた当時の日本列島、つまり縄文時代の特徴は、個が大切にされていたということです。

日本人はもともと集団や和を大切にする民族だという話がありますが、それは正しくありません。

「和を以て貴しとなす」というあの聖徳太子《しょうとくたいし》の言葉の意味を間違って伝えてしまったのは、日本人の大きなミステイクです。その結果、和を重視することは、自分を犠牲にして集団に合わせるものだという、誤った考えが広まってしまいました。

それをやってしまうと、縄文は成立しないのです。

縄文人とアイヌは同じエネルギーを持っています。

私は昨年、アイヌのリーダーと一晩、一升瓶を開けながら本音で語りあったことがあります。そのときに彼がいっていたのは、アイヌには縄文のエネルギーが伝わっていて、それは基本的に個の文化だということでした。だから彼らには、団体という概念がないそうです。人に合わせるということが基本的にないというのです。

彼らは、社会があって個があるのではなく、個があって社会があると明言してしまうわけです。それでも社会は分離せず、融合して平和を維持しています。

これが本来のレムリア、縄文のエネルギーなのです。

ところがアトランティス由来の大陸文明は、そこに集合意識を持ちこんできました。それが自分を殺し、和を大切にしろという思想です。

こうした流れを知らず、勘違いしたままなので、正しく伝わらないわけです。

結果として、弥生という時代になって、大陸から日本列島にムラ社会というものが持ちこまれてきたのです。

自分を犠牲にしてムラの中で生きろ、というわけです。そうやって次第に個が埋没していきました。いってみればいまの日本人は、ジグソーパズルの自分の形というピースを失って、パズルが完成できなくなったようなものです。

縄文は女性優位の時代

弥生の文化が大陸から日本列島に入ってきたときに失われたものに、女性性というものがあります。縄文から弥生に移り変わって、個が潰されると同時に、女性性の抑圧も始まったのです。

そもそも縄文やアイヌの社会では、高床式住居のなかで女性がいわゆる上座でふんぞり返っていて、男性は「おい、お前、鹿を狩ってこい！　木を拾ってこい！」と、まったくもってこき使われていたのです。

けれども男性に不満はありませんでした。

なぜなら男性は、女性に使われることが生きがいだったからです。女性から「あの人は頼れる人だ」「あの人はものすごく仕事ができる」――そう評価されることが嬉しかったのです。

縄文は女性優位の社会で、女性がすべてを仕切っていました。

卑弥呼という女性がクニのトップに君臨できたのも、その流れがあったからです。

ところが大陸からアトランティス由来の男性文化がやってきたときに、日本列島をムラ社会に変え、個と女性優位を潰してしまいました。

たしかにアトランティス由来のパワーとテクノロジーの視点では、女性は男性の下に置かれてしまいます。けれどもレムリア由来の愛と調和の視点では、女性は必ず上にくるのです。

こうして縄文は潰されたのです。

平等という錯覚

こう書くと、いかにも縄文が差別のない平等な社会だったように思えるかもしれません。けれども縄文は、決して平等な社会ではありませんでした。

個を重視するということは、差を認めるということです。それをひとつにしようとするから、もめごとや喧嘩が起こるのです。

金持ちもいて、そうではない人もいることが、本来は当たり前なのです。

それなのに平等な社会というわけのわからない概念を持ちだしたことで、社会はおかしくなっていきました。

そもそも平等社会はムラ社会で、大陸文化です。

縄文はその逆で、ある意味「不平等社会」なのです。

個が重視されるということは生き方にも天と地ほどの差があったということです。同じ人間であっても、まったく違う世界が築かれていました。けれど、だからこそ全体として調和ができる、ということがあるのです。必要な要素、足りない要素をお互いに補いあうことができるから、争いも生まれにくいのです。逆に平等主義で、同じようなものしか持たなければ、それを奪い合うことになります。

自分にはないものを奪おうとするのです。

そもそも自分の手もとになければそれでいいのに、平等だから、相手が持っているものが同じように欲しくなります。

縄文では、上下という認識ではなく、それぞれが違うからこそ存在価値があるとされていました。私は飯を作る役、私は飯を配る役、私は獲物を狩る役、私はお話をする役、私は踊って楽しませる役……究極の分業体制ともいえます。

本来は、それが自然なのです。それぞれが得意なことだけをやって、不得意なことはしません。ですから争いも生まれないのです。

それが縄文という時代の基本です。

お金という「文化」

いま、何よりも大切とされているお金にしても、ひとつの「文化」にすぎません。しかも、アトランティス由来の文化です。

いわゆる富というものに価値があるという認識を築いたのはアトランティスの文化であって、レムリアの時代にはエネルギー交換という形ですべてを処理していました。

私はこういうエネルギーを出すから、あなたはこういうエネルギーを出してくださいだとか、私にはこんなことができるので、あなたはこれをやってください、というやりとりです。そのときに、お金というものは介在しませんでした。

一方、アトランティスはパワーとテクノロジーの時代ですから、いかに自分にパワーがあるのか、どんなすぐれたテクノロジーを持っているのか、それを相手に見せつけることが大切になってきます。

そのためには自分が「大きく」なければなりません。少なくとも自分を「大きく見せる」必要がありました。そこでどうしても、他者が持っているものや技術が必要になってきます。

レムリアの時代であれば、私はこういう能力をもっているので、それと交換しようといえました。けれどもそれは互いにエネルギー的に釣り合ったものに限定されます。

アトランティスでは自分のエネルギー以上のものを受け取らなければなりません。それには無理やり奪うか、あるいはお金というものを介在させて、自分のエネルギー以上のものを手に入れるしかないのです。

こうして生まれたのがお金であり、経済というものです。ですから経済は、アトランティスのエネルギーなのです。

当然、地球の富を独占してきたのも、アトランティスです。

本来ならばエネルギーというのは、自分の能力と相手との等価交換なのです。それをまったく無視しているのがお金というものです。

私には、お金が悲しんでいるように見えます。そのやり取りにエネルギーや感情が載っていないからです。

そのために私はいま、お金の神も癒しています。

平等と平和

アトランティス以来、平等という概念が、あたかも自由と平和という概念と同じものであるかのように扱われてきました。

これは完全に間違いです。

平等というのは、イコール統制です。本来、自由とはまったく逆の概念なのです。平等と自由は正反対の言葉です。それは、かつての共産主義国家を見れば明白だと思うのですが、多くの人が未だに勘違いをさせられています。

本来、平和というのは人間がそれぞれ好きなことをやって、自分がそれで幸せだということがわかっている状態をいいます。もっといえば、他者から何も奪い取る必要がない世界なのです。

だから神ドクターは、身体だけを救うのではなく、社会も救うし、人類も救います。そしてもちろん、魂も救うのです。

私は神ドクターですが、周りは人間ドクターばかりです。

人間がドクターをやっていても、同じ人間は救えません。レベルが同じだからです。違いがあるとすれば、少しだけ人よりも頭がよくて、医学部に入ってからさらに脳が鍛えられたということだけです。

けれどもこれがくせ者で、脳は鍛えれば鍛えるほど、宇宙の叡智とは離れていってしまいます。脳が元気になればなるほど、宇宙の叡智は入ってこなくなるのです。ですから人間ドクターたちは、宇宙の意志とはまったく逆の方向に行ってしまうのです。

これをはっきりと口にできる私は、だれもタッチできない、アンタッチャブルな領域なのかもしれません。

世間からは「上から目線」だとか「他者を見下している」と批判されることもわかっています。けれども私の本心は、決して軽蔑や見下しではなく、あくまでもエネルギーが違うということを前提に話しているのです。

ですから、あえてそういうきつい言葉を使って、できるだけたくさんの人の意識の目覚めを期待しているのです。

アトランティスの利点と欠点

本章の最後に、アトランティスも決してすべてが悪いわけではない、ということはお断りしておきたいと思います。

パワー、テクノロジーや、現在でいうコンピューター、テクノロジーなど、社会の利便性を高めてくれるのはアトランティス由来の叡智です。これも、地球が進化するためには絶対に必要なものなのです。

問題はそれが優位になりすぎるということで、極端に進んでしまえば、必然的に分離と破壊が起こります。

ということは、そうしたパワーとテクノロジーの上には愛と調和――レムリア的なエネルギー――が君臨することが必要ということになります。

もっとわかりやすくいえば、レムリアや縄文の女性性エネルギーが必要だということです。こうしたエネルギーが社会をリードすることで、世界の愛と調和が保たれるのです。

残念ながらいまの学校教育は、とてもそれができているとは思えません。個を潰す教育などは、その最たるものでしょう。まさにアトランティス教育です。

けれどもこれからは、レムリア教育をやっていかなければなりません。

それには、家庭というものも作り直すことが必要になるでしょう。

家庭というシステムも、やはりアトランティス形式で作られたものだからです。

いまの家庭・家族というのは、男性が主に仕事をして、経済を支えています。そのためにどうしても男性優位になりがちです。けれど、本来なら仕事というものは、しないですむのならそのほうがいいものなのです。働きたいときに働いて、あとは寝ていてもいいのです。そういうスタイルが大切で、実際、縄文はそうでした。

いまは週に何日、月に何百時間働くと決まっています。本来、これは本末転倒で異常なことです。縄文でもレムリアでも何でもない、アトランティスの権力構造の世界そのものだからです。

それは、人々を統制するのに一番都合のいいスタイルです。

そのためにアトランティスは、働かなければダメ、お金がなければ暮らせないという世界を作りました。

詳しくは後述しますが、だからこそいま、それを菊理姫神《ククリヒメノカミ》が破壊し、創り直さなければならないのです。

菊理姫神は、平和的破壊と奇跡的創造をくる神なのです。創造するための破壊ということです。だから、必要でないものはすべて破壊し、除去します。この平和的破壊のエネルギーは、プレアデス由来のものとなります。

プレアデスはパワー、テクノロジー、そして平和的破壊のエネルギーであり、シリウスは愛と調和、そして奇跡的創造のエネルギーです。それらをくくる菊理姫神は、シリウスとプレアデス、つまりレムリアとアトランティスを結ぶのです。

そして、レムリア主体の愛と調和の世界を再興させるのです。

これこそが、私、神ドクターの使命なのです。

パート５

神ドクターによる神開きの時代

脳を信用するな

「神ドクター」という名前には、多くの意味が込められています。神レベルでドクターとして人間を診るということはもちろんですが、それ以上に神のドクターであるということを忘れてはいけません。

私が神を診て、意識を変えます。封印を解き、神を開いて世に出させるわけです。

具体的にどういうことかというと、その神の意識が世界にあふれていくようになります。するとまさにその瞬間、その神とつながっているすべての人が、遺伝子レベル、DNAレベルで変化していきます。

多くの霊能者、あるいは新時代の到来を訴える人は、まずは自分の意識を変えろといいます。意識が変わったことを認識しなければダメだというのです。

でも、これは難しいことで、DNAレベルでの変化が、意識を変えるのです。

医学的に説明しましょう。

地球人の、つまり人間の認識というのは、あくまでも脳で感知できることに限られています。

けれど、すでに本書でお話ししてきたように、脳というのは知識や情報、常識や固定概念、集合意識の図書館にすぎません。宇宙の叡智とは直結していないのです。ということは、極論すれば脳が考えることはすべてが雑念だということです。

もう少し表現を和らげるなら、すべてになんらかのバイアスがかかっているといってもいいでしょう。人間はこのバイアスを通して感じたものが、本当の自分だと思っているだけなのです。

けれども宇宙からやってくる本物の叡智は脳を通過せず、松果体から直接、ＤＮＡに入ってきます。この情報は脳では感知できない仕組みになっているのです。

なかには特別に感覚が鋭い人もいて、叡智が細胞に入った瞬間にその反射を脳が受けて感知することもあります。けれどもほとんどの人は、しかるべきときにしかるべき場所で、しかるべき変化を得て、ようやくそれに気づくわけです。

「ああ、こういうことだったのか」——と。

気づかなかったけれど、あのときにすでに自分は変化していて、それをいまここで体現しているのか、という感じです。

ひと言でいえば、人間は脳を使いすぎ、信用しすぎなのです。

感性で生きる

地球人のほとんどは、感情で生きています。

けれども本来は、感性で生きるべきなのです。

この違いがおわかりでしょうか?

脳を使って生きていると、感情で生きることになります。

一方、感性で生きるというのは、感情――つまり怒りや不満、喜びなど――を通り越して、ただ感じるだけになります。

だから私が神を開いたとき、神が変わると同時に人間も変わったことを感じられるかどうか――正直なところ、感じてもいいし、感じなくてもいいのです。どちらであろうと、確実に変わっているのですから、わかるべきときがくればわかるのです。

わからないのは、まだその準備ができていないだけなのですから。

逆に、準備ができていない人が、知識でわかってしまうのはよくありません。それはその人にとっての学びの機会を奪うことになるからです。

準備ができていないということは、魂レベルでまだわかりたくないと思っている状態にあるわけです。神がそうさせているのではなくて、その人の魂＝意識がまだわかりたくないといっているのです。

神は何もしません。ただサポートをしてくれるだけです。ましてや行動など起こしません。神は人間の魂の学習には介入しないのです。

わかるときの速度には、個人差があります。

神を信じている人なら、私が開いた瞬間にすべてが変わるし、魂が認識しているので問題はありません。放っておいてもいいのです。

遅くなるのは神を信じていない人で、そういう人は神とは直接つながっていないため、社会全体の集合意識が変わったときに初めて伝播します。100匹目の猿現象（編集部註／生物学者のライアル・ワトソンが提唱した概念。ある猿の集団において、1匹が「イモを洗う」という行動を始めたとき、同じ行動を取る猿が閾値――このときは100匹――を超えた瞬間、その行動が集団全体はおろか、空間を超えて同種の仲間にも広がるというもの）を待つしかないのです。

ポジティブである必要はない

ポジティブという言葉があります。

この本のなかでも、何回も出てきています。

ポジティブというと、世の中では常に称賛されるべきものだと認識されています。もちろん悪いことではありません。けれども、そこにはやはり注意が必要です。

なぜならポジティブというのは、いまの世の中、あるいはいまの次元の常識、固定観念が「よし」と認めている方向に向かうことを、そう呼んでいるにすぎないからです。

けれども、本当の高次元の魂レベルから見れば、地球の次元で後ろ向きとされることがじつは前向きであるということもあるわけです。

後ろを向いていようが横を向いていようが、あるいは下を向いていようが、まったく問題はないわけで、いつでも前向きであるべきとする社会は、とても窮屈なものです。そのことに、多くの人は気づいていません。

魂の学びという面からすれば、むしろ後ろ向きのほうがいい場合だってあります。そう考えれば、仮にポジティブでなかったとしても、何も変える必要はないのです。

この本で私が何度も繰り返し書いていることを、改めて思いだしてください。

だれの人生においても、すべて魂が望んだこと、シナリオに書かれたことしか体験しないし、できないのです。これが大前提としてあるわけです。

私の話を聞きながら「うん、うん」とうなずいてはいても、次の瞬間にはもうすっぽりと記憶から抜け落ちてしまう人が多すぎます。

だから、愚痴もこぼれてくるわけです。

もちろんとても難しいことだということはよくわかっています。もしも私がいっていることが完璧にわかる人がいれば、その人は今日からインドやヒマラヤの聖者にだってなれるでしょう。もちろん、一切の修行は抜きにして、です。

それでも「いや、もうわかった、自分は理解できた」という人に――。

あるときあなたは騙されて、全財産を奪い取られたとします。明日からは食べるパンもないという状況になったとき、これも魂のシナリオで自分が望んだことだから、それでいいんだと受け入れることができますか？

もっと究極な話では、理由もなくだれかに命を奪われて、薄れていく意識のなかで「これでいいんだ」と思えますか？

とても難しい問題です。

けれどもそのなかには奪う者と奪われる者、殺す者と殺される者、両方の役割、意識、あらゆるものが魂のシナリオとして入っているのです。

自殺について

自殺にしても、ほぼすべての宗教、倫理、道徳、社会常識、すべてのものが「ノー」といっています。

けれどジーザス・クライストは、自殺はダメだとはいっていません。

キリスト教で自殺が禁じられたのは、ジーザス・クライストの弟子たちが、自殺をすれば天国に行けなくなるという教えを創作してしまったからです。

そもそも地球で生きるということは、かりそめの肉体、一種の「着ぐるみ」を魂にまとって過ごすということです。着ぐるみをかぶりつづけるのは、とても大変なことです。なかにはもう、着ぐるみでいるのが限界だという人もいます。もう自ら着ぐるみを脱ぐしか選択肢がない、という人も少なからずいるわけです。

ですから、もしも身近な人が自ら着ぐるみを脱いでしまった場合には、たとえば親ならそれを「親不孝だ！」と嘆くのではなく、そこから何かを学べるように努めるべきです。誤解を恐れずにいえば、自殺をしてしまった人もまた、それを望み、魂のシナリオにストーリーを書いて生まれてきているのです。

子どもに自殺をされるということは、親にとっては究極の学びとなります。そこに気づいたとき、初めて自殺した本人も親も救われるのです。

宗教では「自殺をすれば地獄へ行く」と脅されます。けれど、自殺をすることは決して「悪」ではありません。「生きることは善」という思想自体がそもそも「悪」なのです。

私の感性から見ると、レムリア時代には自ら命を絶つ人はたくさんいたと思います。

ただしそれは絶望が理由ではなくて、いまここで地球から自ら離脱したほうが、よりよく魂としてやり直せる、という思いがあったからです。いわば平和的な破壊です。

次の自分をやりはじめるために、まずは一度、破壊してしまうということはあったのです。

それなのに自殺はダメだ、いけないことだと批判されるから、苦しむわけです。それはやはり、レムリアや縄文らしくありません。

究極の個というのは、生きてもいいし、死んでもいいということです。それが個の優先であり、個の選択なのです。

自分のことは自分で決めるし、周囲はそれを尊重し、優先する。決して他者が介在しないことが重要なのです。

悟りたいと願う人へ

いま、積極的に叡智とつながりたい、あるいは悟りたいと願う人が増えています。

けれども実際には、なかなか悟れないだろうという状況があります。

私、神ドクターから見ても、この人は絶対にいまのままでは悟れないだろうな、と思うケースが多々あります。

どういうことかというと、そういう人は必ず「これは善でこれは悪」という概念を持っているのです。そこから離れられない限り、悟りなど絶対に得られません。

「私はすでに悟りに向かっています」とか、「私は悟りました」という人とも、よく話をします。そういう人に限って、「これは悪、これはダメ」という言葉がよく出てくるのです。こんな人は、宇宙の叡智とはまったくつながっていません。

悟っている人、悟りに近づいている人はほとんどの場合、微笑んでいるだけで多くは語らないものなのです。

なぜなら、何を語っても「はずれ」ということがわかっているからです。エゴが強く、自分だけが正しいと思っている人ほど言葉数が多いものです。

ですから重要なのはまず、黙ること。そして松果体を通じて降りてくる宇宙の叡智に対して、アンテナを鋭くすることです。

ちなみに私の場合、あまりにもレベルが違いすぎるので、感じたことをそのまま発信してしまうと、相手からは絶対に受け入れられません。そこは工夫をしなければならないところです。

神エネルギーを持った歴史上の人物

人間の歴史を紐解けば、私のように神の大きなエネルギーとともに地球に降り立った人物は過去にも存在していました。

だれでもまっ先に思いつくのは、ジーザス・クライストであったり、ブッダであったりするはずです。

ただ、彼らはその思いを完結させることができませんでした。それはやはり、彼らがつながっていた宇宙のエネルギー、神のレベルが、私の大宇宙大和神《オオトノチオオカミ》とは違っていたからだということです。けれども今回は私が、一番レベルの高い神を連れてきています。つまり、ジーザス・クライストやブッダができなかったことまで、私はやろうとしているということなのです。

ほかにも過去には、ある程度高いエネルギーを持つ者が地球に降りてきたことは多々ありました。けれど、いずれもその力は一部でしか効果を発揮しませんでした。

大宇宙大和神の場合は、それらとはまったくレベルが違います。この神のエネルギーレベルなら、全人類に役立つことは間違いありません。そこでは、あるべき進化と成長が叶えられるのです。

これはウソいつわりなく、すべての人に及びます。

仮に一般の人々が私の名前や、私が大宇宙大和神とつながっていることを知らなかったとしても、天照大御神《アマテラスオオミカミ》などのほかの神を知っていれば、最終的にはエネルギールートを辿って私のもとへ集結してくるからです。

ですから私は、これまでジーザス・クライストもブッダもできなかったことを、ここですべて総ざらいしながら変えてしまうという、人類進化と成長の最終段階に入ろうとしているということになります。

ちなみに宗教者以外にも、神レベルのエネルギーでいうと、過去にも神がかった人はいました。

たとえば戦国時代の武田信玄《たけだしんげん》がそうです。

武田信玄に神は、戦いの本質というものをサポートして学ばせています。神が争いを肯定するのか、などというのは愚問です。そもそもあの時代、戦いや争いは悪ではなくて、むしろ必要なものだったからです。

彼に限らず後世に名前が残っているような戦国武将たちは、だれもがやはりある程度の神のエネルギーを持って生まれてきていました。だからこそ、世の中を動かすことができたのです。

ただ、神のレベルだけに限っていえば、やはりジーザス・クライストなどよりはかなり低いものでした。

天下統一の先駆者となった織田信長にしても、時代のなかで一定の役割は果たしたものの、結局は破壊しただけで終わっています。完結できていないのです。

神にしても、中途半端なエネルギーしか持たない人間には、ある一定の役割だけを課して、すべてを任せることはしません。

さらにいえば神にも、壊すだけの神、創るだけの神、いろいろなレベルがあって、しかもそれを地球人が実行するわけです。

そして最終的には高いレベルの神が、しかるべき人間を通して、愛と調和という方向へ全体をもっていくことになります。

太陽神と松果体

天照大御神《アマテラスオオミカミ》を開き、卑弥呼のエネルギーとつなげる計画については、すでにお話をしたとおりですが、いうまでもなくこれは地球全体、世界規模のテーマです。

日本だけのレベルではありません。

そもそも天照大御神は太陽神です。また、卑弥呼は「日の巫女」でもあります。つまり、どちらも太陽と深く関係しています。

一方、世界を見るとエジプトにはラーという太陽の神がいます。さらに世界を見れば、太陽神はどこの国、どこの地域にもあふれかえっているのです。

ですから天照大御神が開かれれば、必然的にこれらの太陽神たちのすべてが共鳴するということになります。

世界規模の神開きになるわけです。

それからもうひとつ、松果体を活性化するのは太陽だということがとても重要です。

私はこれから、ピラミッドの松果体を開きに行きます。ピラミッドの頂点に置かれていたという水晶、それはまさにピラミッドにおける宇宙エネルギーの受信装置、人間でいうところの松果体そのものなのです。

これが開かれることでシリウス皇帝とともに天照大御神が出てきて、卑弥呼も出てくる――一種の芋づる式のように、太陽神が次々と現れてくるのです。

宇宙人の正体

宇宙人という言葉には、ちょっと複雑なところがあります。

たとえば私たち地球人にしても、ほかの惑星の住人から見れば、宇宙人だということになるでしょう。その意味では、この宇宙に存在するすべてが宇宙人といえるかもしれません。

ただし、過去から現在までを通じて、これまで地球を訪れてきた宇宙人というのは、ほとんどが神のなかでも下のレベル、肉体を持った存在です。

神のグレードが下がるにつれて振動数が下がり、それに伴なって次第に肉体を伴うようになることはすでに書きました。このうちの比較的密度の高い、つまり振動数の低い、肉体を持つようになった神――それが宇宙人の正体なのです。

もちろん、太古の時代に地球を訪れてきた宇宙人のレベルでも、当時の地球人から見れば十分に立派な神に見えるし、それだけすぐれたエネルギーを持っていました。

だから古代の地球人は、自分たちが見た宇宙人を神だと思い、壁画や土偶などでその姿を残そうとしたのです。

とにかく、神とひと言でいっても、そこには無限に近いほどの次元の差、レベルの差があるわけです。宇宙人にしても、それをどういう次元でとらえるのか、あるいはどういう視野で見るのか——それによって大きく変わっていくということだけは覚えておいてください。

龍とピラミッド

ところで最近までは、龍エネルギーもだいぶ傷ついてしまっていました。そのため、海の底の地中に埋もれていたのですが、私が神開きを行ったことでようやく傷も癒され、活動をはじめようとしています。

龍というのは水の神です。水というのは生命の根源ですから、それが目覚めることで地球自体が元気になっていきます。

また、日本の龍が目覚めれば、世界の龍宮も一斉に目覚めます。同時に、世界各地のピラミッドも目覚めます。これによって、地球の覚醒が完結するのです。

ピラミッドや古代遺跡といっても、皆さんが目にしているエジプトやマヤ、アステカなどの有名なものだけではありません。世界には知られていない秘宝がたくさんあります。日本にもピラミッドだといわれている山がいくつもあるし、湖の下にもたくさん埋もれています。というよりも、重要なピラミッドの多くはそのほとんどが隠されているといっていいでしょう。

龍宮や古墳も埋まっているし、ピラミッドも埋まっています。重要なものほど、一般の人々には隠されているのです。

たとえば長野県に、皆神山《みなかみ》という山があります。ここはよく宇宙エネルギー存在が降りてくる場所なのですが、この山はピラミッドです。宇宙エネルギーの交信所です。にもかかわらず、このように普通の山にしか見えないピラミッドがたくさんあるのです。

けれどもこれからは、それらが一斉に目覚めます。

ここでひとつ、ピラミッドの秘密を公開しておきましょう。

ピラミッドはじつは正八面体で、上だけが地表に出ているのです。

わかりやすくいえば、全体がダイヤモンド型になっています。

そして、地表に出ている部分の頂上には高次元の水晶が置かれていて、これが前述のように松果体の役割を果たしています。

一方、地中に埋まっている部分の先端には、高次元のダイヤモンドがはめ込まれています。これによって、地球とボンディング（結合）されているのです。つまりピラミッドは、上は宇宙と、下は地球とつながっているということになります。

その結果、「天地人」が表されているわけです。

神もお疲れになっている

東日本大震災が発生したとき、須佐之男神《スサノオノカミ》を祀った被災地の神社は崩壊しなかったという話を聞いたことがあります。ということは、あの大災害には須佐之男神のエネルギーがからんでいたということです。

誤解を恐れずにいえば、須佐之男神が傷つき、お怒りになっていたという部分もあるように思うのです。それもあって私は、壱岐に須佐之男神を癒しに行きました。

神も傷つき、疲れるのです。

そこで、日頃から人間ひとりひとりが、神を癒す必要が生まれます。

といっても、難しいことではありません。

ポイントは、神からエネルギーを受け取るだけでなく、自分のエネルギーを神に向けるようにする、ということです。こうすることで神は元気になっていきます。それはやがて恩恵となって、自分に返ってくることでしょう。

そもそも弱った神からエネルギーを吸い取ろうとしたとしても、そこからは何も得られません。まずは神に元気になっていただいて、あとでそのエネルギーを何倍にも増やして返してもらう——その感覚が大切なのです。

なお、神が弱ってしまったのは、人々の集合意識が乱れたからであり、社会が乱れたからです。

たとえば月読神《ツクヨミノカミ》は穏やかさ、世の中の穏やかさを司る神です。人間の身体でいえば、炎症を引かせたり症状を穏やかにさせます。

ところがいまの世の中では、人間が穏やかに生きることを忘れてしまっています。だれもが欲望でギラギラし、落ち着かずにイライラしているので、人間の身体でいえば炎症だらけの状態なのです。

ドクターとしての視点からいわせていただければ、がんになりやすいし、腫れや痛み、熱も出やすい状態なのです。まさに、穏やかではありません。

そういう集合意識ができてしまったことで、地球自身もイライラしています。

穏やかさを提供する神が、とても穏やかさを提供できるような状態になかったのです。

それを癒すには、人間ひとりひとりが穏やかに暮らすことです。それはさらに、神を味方にするということにもつながっていくでしょう。

いずれにせよ、自分たちが大きく変わるには、地球や社会だけにフォーカスしていてもダメなのです。もっと大きな視点からすれば、自分たちにかかわるエネルギー、自分たちが包括されている、関わっている高いエネルギーがあります。そこに注目して、根本から変えていくことで、やがては自分もそのエネルギーを放射されて変わる。この関係がとても大切なのです。

パート6

奇跡と創造の宇宙

神ドクターはシリウスの皇帝だった

私はいま、人類と地球を変えることができる立場にある、地球上で唯一の存在です。これははっきりと宣言しておきます。

人類と地球を目覚めさせることができるのは、私、神ドクターです。

そのことは、ここまで本書を読んでいただいた皆さんなら、もうよくおわかりだと思います。けれども念のため、いくつかの新情報も付け加えながら、改めて宇宙の仕組みを説明しておきましょう。

まず、私の故郷であるシリウスですが、これはひとつの星です。

そこに比較的に低次元の部分と、高次元で半透明、半物質レベルになっている部分という、ふたつの階層があります。

私がいたのは後者で、これを高次元シリウスと呼んでいます。本書のプロローグでは、シリウスBと表現しました（対極のエネルギーがシリウスAです）。ここは物質レベルのエネルギーではなく、霊性エネルギーで成り立っているシリウスです。愛と調和はもちろんですが、霊性シリウスには奇跡のエネルギーがあります。

一方、物質シリウスは創造のエネルギーです。

ですから互いに補いあいながら、シリウス全体で、奇跡の創造を行うことになります。

高次元シリウスつまり霊性シリウスBにいたときの私の立場は、シリウスの皇帝でした。

これはつい最近、降りてきた情報です。

これまで私は、魂の故郷であるシリウスでどういう立場にいたのか、それがずっと気になっていました。いろいろと感じていることはあったのですが、いずれもしっくりこなかったからです。

それまでにも私の背後では、シリウスの医師団であるドクタードルフィン医師団というものが動いていました。地球で私が何かアクションを起こす前に、彼らは動きはじめてくれるのです。シリウスが、完全に私のサポート体制に入ってくれるのです。

なぜそうなるのか、とても不思議だったのですが、それは私がシリウス皇帝の高いエネルギーを持っているからだというのです。

私は、もしかするとシリウス時代に、彼らドクターのリーダーだったのかもしれないと感じていたのですが、そうではありませんでした。

ドクターのリーダーどころか、私はシリウス全体を統括していたというのです。愛と調和、奇跡と創造を行う際に、私が全責任を負っていたのです。それは、皇帝＝エンペラーだったということです。

濁っていた地球のエネルギー

皇帝だった私が地球に目を向けたのは、シリウスがあまりにも自由すぎたからです。

そのころの私は高次元のエネルギーで、望むがままに奇跡的な創造ができました。

ただ、それを続けている生命存在は、ある時点でエネルギーを強力に上げて原点に帰ろうとするものなのです。あのゼロポイントへの回帰です。楽で愉しいゼロポイントに戻るというのは、生命エネルギーの本質です。

問題はその方法で、高いエネルギーに戻るときには、低いエネルギーを体験することがいちばんいいとされています。てこの原理で、低いエネルギーで気づき、学びを得ると、その勢いで大きく高いエネルギーまで、一気に振れることができるのです。

その振れ幅を大きくするには、できるだけ低エネルギーの世界を体験すればいいわけです。そこが地球だったということです。

当時の地球は愛と調和とはほぼ無縁の、非常に濁ったエネルギーの惑星でした。

それを変えようという意志を持って、１０００万年ほど前の地球に私はやってきたわけです。

シリウスのエネルギーを大きく上げるのに、まさに好都合な環境でした。

この低い次元の地球を覚醒させ、進化させることができれば、その反動によって得られるエネルギーはとてつもないレベルになるからです。

こうして私がイルカの姿で地球にやってきたことは、すでに書いたとおりです。

ただ、皇帝というのは男性性なので、地球へは女性性、雌として入ってきました。

それからは、愛と調和を実現させるためには、やはり人間の姿にならなければならないということで、１００万年ほど前に人間の姿になりました。

最終的にレムリア女王になったのは80万年ほど前のこと。このときに水晶の力で愛と調和を実現しようとしたのですが、妬みと嫉妬のネガティブの感情によって8万年前にレムリアを沈めてしまったことも、すでにお話ししたとおりです。

その後はアトランティスの時代が訪れますが、私はレムリアの反省から、パワーとテクノロジーにエネルギーを振ります。そのためにアトランティスでは分離と破壊が起こり、やはり海中に没してしまったのです。

神のなかでもっとも高いエネルギー

縄文時代、私は再び地球上に人間の姿で現れました。

このときに、大宇宙大和神《オオトノチオオカミ》が登場します。

この神は、九州の幣立神宮にしか祀られていません。地球に初めて舞い降りた高次元の神です。

私は、シリウス系の高次元のエネルギーと神々のなかでも、トップの大宇宙大和神のエネルギーがソウルドッキングして、いまは地球人をやっている、という特別な状態なのです。

こうした巨大なエネルギーで、私は神を開き、人類と地球の修正を行っているのです。まさにここが、大きなポイントとなります。

神のなかでもっとも高いエネルギーというのは、簡単にいうとこういうことです。

キリスト教における神、ユダヤ教における神、イスラム教における神、日本では天照《アマテラス》大御神《オオミカミ》や伊邪那岐神《イザナギノカミ》、伊邪那美神《イザナミノカミ》、あるいはそれ以外の世界中のありとあらゆる神——こうしたすべての神を統括するいちばん上のエネルギーです。

そういうエネルギーだからこそ、神を開くことができるのです。

逆にいえば、開こうとする神よりも高いエネルギーでなければ、開こうにも開けないのです。

いわゆるアセンデッドマスター（編集部註／民衆の魂を導く存在）やエンジェルたちにしても、結局は半透明半物質のエネルギーであっても、神のレベルとして見れば頂点の下です。

ここからも、これらの下の存在につながって世界を変えるというのが、基本的に難しいということがわかります。もっとはるかに上の、大宇宙大和神のような高次元エネルギーでなければ、世界を変えることはできません。

人間ドクターでは世界は変えられない

それからもうひとつ、重要なことがあります。

だれであれ、人間という存在のままでは、人類も地球も救えません。

なぜかというと、救うということはＤＮＡを書き換えるということだからです。

まず基本として、人間というＤＮＡを動かすエネルギーに、魂というものがあります。魂のエネルギーがＤＮＡを動かしているのです。ということは、魂をコントロールできなければ、ＤＮＡを変えることはできないということです。ＤＮＡを変えなければ、人類と地球を変えて救うこともできないのです。

したがってこれは、人間ドクターではなく、神のエネルギーを持ったドクター、神ドクターの仕事ということになります。

ここで、神ドクター参上ということです。

人間ドクターは、心と身体を救えます。けれども魂は一切救えません。

ここが重要です。

時代はいま、令和となりました。人間ドクターも、これまでに心と身体を救うということは十分にやってきました。それでも世界が救われなかったのは、魂が救われなかったからです。

では、神ドクターは具体的に何をするのでしょうか。

地球のあらゆる生命のエネルギーを、魂の大本のエネルギーにつなぐのです。

ですから神ドクターは、病気を治すことも心を癒すこともしません。ただ、魂を大本につなぐことだけです。

けれども魂が大本につながれば、心の問題も身体の問題も自ずと解決されるのです。

ある人はそれを、「奇跡」と表現するかもしれません。

地球における奇跡は、神ドクターであるドクタードルフィンにとっては常識です。私の周囲では、奇跡などは日常茶飯事で起こっています。

これまで奇跡を起こすには、たくさんの時間とプロセスが必要とされてきました。そして奇跡は、そのゴールだと認識されています。

けれども私の世界では、まずゴールである奇跡が最初に起こるのです。

その際、途中の経過やプロセスはすべて省略されます。

あえて理屈をつけて説明するなら、「多次元パラレル自分宇宙」への瞬間移動ということです。

いわゆる「パラレルワールド（並行宇宙）」というものをご存じでしょうか？

宇宙には、まったく違う自分の世界が、並行して存在しているという考えです。これを私は「多次元パラレル自分宇宙」と呼んでいるのですが、そこへ一瞬にして乗り移っていくのです。

すると、いまこの世界とはまったく異なった自分が現れます。

ゼロ秒で移動するわけで、過程やプロセスはありません。だから奇跡が、一瞬にして起こるのです。

神ドクターの情報源

私、神ドクターのエネルギーがここまで目覚めてきたのは、神や宇宙人、高次元の存在、さらにはジーザス・クライスト、モーセなどのあらゆる魂エネルギーが直接、私の魂をサポートするからです。なかには地球人のふりをして、患者として私のもとへやってくる宇宙人もいます。

こうしてできたのが、「高次元ＤＮＡコード」です。ＤＮＡは二重螺旋、対になっています。ジーザス・クライストが教えてくれたのは、このＤＮＡを開くということでした。そうしなければ、新しいエネルギーはＤＮＡには入れられない、ということも教えてくれました。

ＤＮＡの対を開いて、そこに高次元――いわゆる神エネルギー、超古代のエネルギー、地球外エネルギーなどを入れるのです。

ＤＮＡはいったん開くことによってスペースができます。新しいエネルギーが入ることが「許されるスペース」ができるのです。そこへ高次元のエネルギーを降ろしてきて注入するわけです。

ＤＮＡを開くと、ＤＮＡ１本１本に対して、ＲＮＡの対ができます。ＲＮＡの対に高次元のコードがいったん入ります。こうしてＤＮＡを閉じます。

次に開くと、ＲＮＡがＤＮＡに移り変わります。ＲＮＡに入りこんだＤＮＡコードが、ＤＮＡに移りこんでそれを閉じるわけです。

この仕組みを私に見せてくれたのが、ジーザス・クライストなのです。

現在、私、神ドクターには、ジーザス・クライストの非常に強いサポートがあります。また、モーセも積極的にサポートしてくれています。私が彼らと同じ奇跡を起こせるのは、これが理由です。

奇跡を起こす意味

なぜ、彼らと同じ奇跡を起こす必要があるのでしょうか。

それは、地球人が脳で考え、脳で望むということに問題があるからです。地球人は、脳に入ってきた情報を言葉にして、それをアウトプットします。けれども脳を通過した望み、指向というのは、本来の魂の意識、大本の存在の意識、魂の望みとはまったく違うものなのです。

ここに気づかなければ、地球人の進化はあり得ません。

脳が望んでいることをサポートしても、人類は永久に幸福など得られないのです。繰り返します。

脳の望みをサポートして叶えさせても、人類は永久に本質的な幸福は得られない――これが、神ドクターの非常に大切な教えの中核になります。

そして、ここが肝心なのですが、脳を通した望みを実現するには段階を踏んだプロセスが必要で、当然ですが時間がかかります。しかも、それだけの苦労をしても、決して脳で想定したこと以上のことは起こりません。プロセスを踏んだのでは、結果が想像を超えることはできないのです。

けれども脳を通さずに、魂の望みを叶える場合には、時間もゼロ秒で、しかも無限大の変化が起こります。瞬時に無限大の変化をなし得るのです。

まさにこれこそが奇跡であって、それによって初めて、地球の人々の意識を大きくジャンプさせることができるのです。

さまざまな奇跡

神ドクターの世界では、ＤＮＡを書き換えることで、さまざまな奇跡が起こります。

ＩＱが70だった子どもが、短期間でＩＱ１００になります。パート２でも述べましたが、曲がった骨がまっすぐになり、左右で太さが違った骨が、ほぼ同じ太さに変化します。現代医学ではまったく希望がない、良くなる見込みがないといわれていた症状が回復したりもします。

もう少し身近なところでは、いきなりバストアップしたり、髪の毛が生えたり、見た目の年齢が10歳くらい若返ったりもします。姿勢がよくなって、身長が5センチ、10センチと伸びたりします。

内面的なことでいえば、一種の覚醒が起こります。

仕事の能力が一気に上がり、世の中で体験することがすべていい方向に向かいます。

金回りがよくなったり、人間関係が改善されたり、仕事上のチャンスがどんどん舞い込んできたり、勉強ができるようになったりするのです。

感情面では、不安や恐怖、怒りが消えて不満を感じなくなります。

そうなれば当然、自分に対する自信がついて、感謝の気持ちや自分自身への深い愛情が芽生えたりもするのです。

要するに、それまで眠っていた力が一気に覚醒するわけです。

なかには超能力的な力が目覚めて、高次元のエネルギーと交流を始めたり、宇宙語を話せるようになったりするケースもあるほどです。

いわゆる「お告げの夢」もよく見るようになるようです。ヒーリング能力が上がったという話もよく聞きます。

なぜそうなるのか、理由は簡単です。

診療のときに、私はもっとも高次元のエネルギーからサポートを受けているからです。繰り返しますが、神のエネルギーにも、いろいろあります。

天照大御神《アマテラスオオミカミ》、須佐之男神《スサノオノカミ》、月読神《ツクヨミノカミ》……さらに卑弥呼や水晶、地球のエネルギー。またはイルカや龍のエネルギー。こうしたエネルギーをまず、私は自分の身体に取り入れたうえで、患者に組み込むのです。

それだけではありません。

レムリア、アトランティス、ムー……こういった超古代の高次元のエネルギーも私は患者に組み込みます。

さらにはプレアデス、シリウス、アルクトゥルスといった地球外の高次元エネルギーもそうです。

おわかりでしょうか？

地球の高次元のエネルギー、超古代の高次元のエネルギー、そして地球外の高次元のエネルギー――この3段階でDNAを書き換えているのです。
高い効果が得られるのも当然といえるでしょう。

私はひとりでもかまわない

本書では、いろいろと過激なことを書いています。

でも、想像やウソはどこにもありません。すべて実際に起こしていることであり、まぎれもない真実です。

とはいえ、こういうことを書くと、必ず反論する人がいます。

「いくらドクタードルフィンだけがエネルギーがすごくても、ほかにも同じようなことができる人がいなければ、社会も地球も変わらないのではありませんか？」

それは違うのです。

こういうことを私が本にして公表したり、あるいは実際に目の前で見せたりすることで、人々の意識が大きく変わるのです。

奇跡が起こせる人間がいるという事実を見せるだけで、「そういうことも可能なんだ。

現実に起こすことができるんだ」と、見たままを受け入れてくれる人が必ずいます。そうすると、その人の意識は瞬時に変わります。その数が増えていけば、ある時点で人類の集合意識が変わって違う次元、違う地球にワープするのです。

これがパラレルワールドへの瞬間移動です。

ですから、たくさんの人が私と同じことをする必要はないのです。私が可能性を見せるだけで、やがては瞬間的に地球が塗り替わるのです。

ただしそれには、私がたとえば田舎の山の一軒家で暮らしているお爺ちゃんお婆ちゃんにも、私の名前を覚えてもらえるくらいのレベルになる必要があるでしょう。

そもそもこれまでは、「皆さんも勉強してください。学んでください。そうすれば、私と同じことができますよ」という本が多すぎました。

しかし、だれでもできることなら、いくらやっても世界を変えることなどできません。レベルが低すぎるからです。

そうではなく、私しかできないことだから、世界も変わるのです。

私と同じ人間など、生まれる必要はないのです。実際、大宇宙大和神《オオトノチオオカミ》とひとつの魂を共有する人間など、もう生まれることはないでしょう。

ただ、私が介入することで多くの人の能力が目覚めるということなら起こり得ます。脳の松果体が開くからです。その結果、宇宙の叡智とダイレクトにつながることができるようになって、眠っていた能力が開花するのです。

残念なことにいまは、だれもが地球上にある知識や情報だけで、自分を成長させようとしています。それでは当然、限界があるわけです。しかも集合意識の世界なので、かなり低い限界です。

けれども私は、それを大きく飛び超えてしまいます。無限大に大本のエネルギーとつながるので、そこが決定的に違うのです。

この本が世に出る意味にしても、私の自己満足ではありません。この本に触れることで、皆さんの松果体が開き、宇宙のエネルギー、宇宙の叡智とつながることができるようになります。

私は急いでいますから、それを隠したり、謙遜したり、謙虚な言葉を並べたりはしません。叩かれても、炎上しても、本当のことを伝えなければいけない時期がきているのです。私はすでに、そういう危険なゾーンに足を踏み込んでいるのです。

離れていてもすべてがわかる

私はいま、公式にドクターとして初めて、遠隔医学診療ということを行っています。

私の医学は超次元医学、超時空間医学、松果体覚醒医学、無限大医学と、三次元医学の世界から離れた領域へ進んでいるのです。したがって私は、無限大医師、ドクタードルフィンということになります。

超時空間医学というのは一種の遠隔医学診療で、地球で初めてドクターがオフィシャルの立場から、時間と空間が隔たった場所から高次元ＤＮＡの書き換えを行います。

これまでの民間療法とは違い、あくまでもドクターによるオフィシャルな診療です。このようなことは世界のどこを見てもありません。

当然、私がこれを始めるときには、ありとあらゆる方角から批判を受け、叩かれるのだろうなと思っていました。けれども今日現在、医学界はもちろん、メディアも弁護士会も、まったく何もいってきません。

なぜなのかと考えて、すぐに合点がいきました。大宇宙のサポートが入っているからなのです。正しい道には、ケチはつけられません。

遠隔医学診療を行うとき、私はその人の名前と生年月日、そして住んでいる都道府県さえわかれば、魂とDNAの状態はすべてわかります。

その人がどのような宇宙エネルギーとつながっていて、何が目的で地球にきたのか、何がテーマなのかという魂の目的と、なぜその目的が今日までうまく達成できていないのかという原因はもちろん、いま現在のその人のエネルギーの乱れと流れまで、すべて読むことができるのです。

そして、その場で魂のシナリオとDNAを一気に書き換えます。

同時に、その人が生まれ持ったテーマをリセットさせ、乱れてしまって、テーマからズレてしまった心の望みを、DNAに書き加えて、シナリオを書き換えるのです。

まだあります。

書き換えた内容のDNAエネルギーを、私が宇宙にアップロードしておきます。そうすればその人は、1年後でも10年後でも、あるいは明日にでも、地球の裏からでもどこからでも自由にダウンロードできるのです。

ダウンロードが行われれば、その瞬間に痛みがなくなったり、不安が消えたり、人生における大問題が解決したりもします。しかもその場で瞬時にです。

ただし、まったく、脳では何も感じない場合もあります。

このような変化は、ウソのような話だと思えるかもしれませんが、こんな世界が本当にあるのだということを、ぜひとも皆さんには知っていただきたいのです。

究極の宇宙的な視野

かつて私、神ドクターには、魂の融合ということがありました。

すでにお話しした、ソウルドッキングです。

大宇宙大和神《オオトノチオオカミ》が地球に舞い降りたとき、そのエネルギーを受け入れる相手もそれなりのエネルギーを持っていなければ、そこに降りることはできません。だから、かつてシリウスの皇帝やレムリアの女王をやっていた、私というエネルギーに目をつけて、そこに降りたのです。その結果私は、地球最強のエネルギー存在になりました。

この最強のエネルギー存在とは、すべての人類、すべての地球上の生命体の役に立つことができる、ということです。

ここはものすごく大切なポイントです。

たとえば脳で考えたり、エネルギー的に下位であれば、何をするにも判断が伴います。これはいい、これは悪いという善悪の判断もそうですし、これはやるべきで、これはやらないほうがいいという行動決定の判断もそうです。

一方、すべての役に立つということは、そういう判断も一切ないということになります。善や悪、あるいはするべきか、せざるべきかというのは、それぞれの立場や状況によってまったく違ってくるからです。

もっとはっきりいえば、最強のエネルギー存在の視野では、そういう判断など「どちらでもいい」のです。

食事をしてもしなくても、寝ても寝なくても、動いても動かなくても、薬を飲んでも飲まなくても、手術を受けても受けなくても……もっといえば、生きていても死んでしまっても、どちらでもかまいません。

極端に聞こえるかもしれませんが、これが「究極の宇宙的な視野」という感覚なのです。

一例として、脳をとおした判断では、こういうことが起こります。

「これはやるべきだが、これはやめておこう」

「これは善だが、こちらは悪だ」

そうなってしまいます。

しかし、脳をとおさずに松果体で宇宙の叡智を受け取ると、すべてが善になります。それは究極の宇宙的な視野と、まったく同じことなのです。

すべて、「これでよいのだ」となります。

地球人は脳をとおして、「こうありたい、ああなりたい」とばかりいっています。だから永久に幸福というゾーンに入ることができないのです。

この仕組みは医学も科学も社会も教育も同様です。

いまの世界が、脳を通した思念に、ある指向性がつけられることで作られたシステムである以上、それは当然のことでしょう。

それなのに、これまでの教育者や哲学者や宗教家に、その問題点を指摘する人はいませんでした。まさに神ドクターならではの視点なのです。

どこにフォーカスを合わせるのか

多くの患者さんは私のところに、痛みや痺れ、めまいなどを解消してほしくてやってきます。この病の苦しみから解放されたいと願って、鎌倉の診療所までわざわざ足を運んでくるのです。

なかには、怒りや不安を消し去りたいという人もいます。

最近はとくに、魂を進化させたい、ＤＮＡを書き換えたい、松果体を覚醒させたいという人もくるようになりました。

それでも私は、脳から発せられるこういう訴えは、基本的にすべて聞き流してしまいます。もちろん症状などは聞きますが、あくまでもそれは参考程度です。

そのとき私がしているのは、相手の魂が何を求めているのかを知ることです。それしかやっていません。

最初は痛みのことばかり訴えていた患者さんも、いつの間にか痛みには触れなくなっていきます。こちらから見ていると、表情も和らいできて、喜びと感謝にあふれた顔に変わっていくのです。

そして突然、こんなことをいいだします。

「先生、そういえば痛みがなくなっています」

「あれ、先生、耳鳴りが消えています」

人間の変わり方というのは、ほとんどがこういうものなのです。変化は突然、瞬間に訪れてくるのです。

人間ドクターは患者さんに「気にしないでおけ」といいます。めまいや痺れがあっても、意識するなというわけです。

神ドクターのレベルからすれば、まったくの的外れな指示です。意図的に気にしないようにするなどということは、簡単にはできません。気にしないようにすればするほど、気になってしまうのが人間だからです。

気にしないようにするということは、意識がそこにフォーカスされているわけです。そうであれば、余計に気になるのは当然のことでしょう。

ですから神ドクターは、もっと気にするようにいいます。1日中、その病気のことばかり考えているように、と。そうすればやがて、疲れてしまって病気のことが脳から消えていきます。

そしてあるときふと、「先生、いつの間にか病気がなくなっています」と口にするようになるわけです。

こうなるのは、人間が執着の生き物だからです。

執着するから、それさえなければ、これさえ良くなればと勘違いをするのです。

けれども現実には、それがなくなっても、あるいは良くなっても、決して幸せにはなれません。必ず次の問題を引っ張り出してくることになります。

まだその段階では、魂が学んでいないからです。人生において、まだ問題が必要とされている限り、苦しみもまたきりがないことなのです。

その魂の気づきと学びこそが、魂の望みなのです。

エピローグ

破壊と創造の時代に向けて

神ドクターはすべてを破壊する

メディアに登場するときに、私には「日本整形外科学会認定整形外科専門医」だとか「日本医師会認定健康スポーツ医」「米国公認ドクター・オブ・カイロプラクティック」という肩書きがつけられます。

けれどもそれらは、こうして本を出版するための肩書きにすぎません。

世の中に提示する肩書きとは、信用を得るための道具にすぎません。

魂のレベルで人々に届くような本を出版するのであっても、いまはまだそうしたことが必要だというだけのことです。

実際、肩書きのない人間が何を訴えたとしても、ほとんどの人は頭から受け入れません。私はそういう人たちにもできるだけ真実を伝えるために、日本の名門医学部を卒業後にアメリカに渡り、実績を積んできたのです。

出身校である慶應義塾大学医学部の同窓会でも、私はいま、いろいろと噂になっているようです。もちろん、いい話は一切されません。

でも、それでいいのです。

地球の三次元レベルに居つづける社会では、私の話についてこられるわけがないし、まして や理解することなど不可能でしょう。

だから、次々とこういう本を出版することでショック療法を浴びせて、これでもかというほどに地球人の脳を破壊、粉砕していくのです。

そうなったときに初めて、「ひょっとしたらここに、何か真実があるかもしれない」と気がつきはじめるのでしょう。

そのためにはすべてを破壊する必要があります。

菊理姫神《ククリヒメノカミ》は平和的な破壊によって、奇跡の創造を行います。

平和的な破壊というのは、プレアデスのエネルギー。そして奇跡の創造は、シリウスのエネルギーです。プレアデスとシリウス、両方が必要なのです。それを菊理姫神は持っています。

平和的な破壊というのは、創るのを目的に壊すことです。いらないものを壊しながら、その直後に新たなものを創造しています。

いまはまさに、そういう時代なのです。

この本もまた、そうした菊理姫神と大宇宙大和神《オオトノチオオカミ》の仕事の一端です。これまで世の中に蔓延し、支配しつづけていた常識や固定観念を破壊し、新たな世界に創り直すためのものです。

つまり、この本もショック療法のひとつなのです。

頂点のエネルギーとともに

もうひとつ、重要なことがあります。

この本は、大宇宙大和神《オオトノチオオカミ》のエネルギーが文字となって、初めて世に出たものだということです。

地球に存在する、頂点のエネルギーで書かれた本なのです。

ですので極端なことをいえば、読者の皆さんがこの本のことをどうとらえ、どう思ったとしても、そのエネルギーを請け負っているドクタードルフィンにとっては、どうでもいいことなのです。

ドクタードルフィンはすでに腹を決め、覚悟をしています。

この本が世の中から抹殺されようが、瞬間的に消滅させられようが、あるいは私の存在そのものまで消そうとされようが、いっこうにかまわないのです。

なぜなら私のエネルギーは常に、地球のトップにあるからです。トップの神のエネルギーとともにあるのです。

ですから、身体を消されたとしても、私のエネルギーは地球の頂点に君臨し続けます。

これは揺るぎのない事実なのです。

神と通じる意識レベル

ここで、これまでの地球社会がなぜシリウス的な愛と調和に染まりきらなかったのか、その理由を説明しておきましょう。

そんなに難しいことではありません。

低い振動数、波動でできている肉体を持った人間という存在——いわゆる地球人——を宇宙レベルの高い意識で目醒めさせることができる人間が、これまで地球に存在しなかったからです。

もちろん人間のなかにも、ある程度の高いエネルギーを持つ者はいました。そういう人々は各時代のリーダーや占い師であったり、あるいはまた宗教家であったり政治家であったりしたのですが、いずれも宇宙や神とつながるエネルギーの使い方が正しくなかったのです。

しかも多くの場合、そういう力があると権力と結びついてしまい、人類の愛と調和のために使う方向にはなかなか目が向きません。パワーの誇示やテクノロジー開発に向かってしまうのです。ですからこれはやはり、一部の支配者の問題ということにもなるのだと思います。

一例を挙げれば――幸い、これからは私がその封印を解くことになりますが――古代の叡智が秘められているエジプトのピラミッドなどは、その最たるものということができるでしょう。

私の考察するところでは、人間と地球、そしてそれらによる集合意識によってできたこの世界の方向性を愛と調和に向けるには、すべてを「魂や心だけではなく、身体からも見る」ことができる、すぐれたエネルギーの持ち主が必要なのです。

「身体から見る」というのは、こういうことです。

まず、愛と調和の世界に向かうといっても、そこには人間の身体というものがあります。具体的には魂のエネルギーを修正し、それを進化、成長させなければなりません。ところが、いくら魂を修正していっても、同時に身体も修正する能力がなければいいエネルギーは発信されないのです。

私はこれこそが、高いエネルギーの彼らがこれまでに高次元とつながりながら、地球人として高いエネルギーの存在として機能できなかった理由だと考えています。

過去の地球上において、ある一定レベルのエネルギーと通じた存在としては、ジーザス・クライストやブッダなどが挙げられると思います。それ以外にも、数々のアセンデッドマスター（編集部註／人間の魂を導く存在）たちがそうでしょう。

スピリチュアル関係の世界では、自分は神とつながっていると主張する人がたくさんいます。けれども何度も書いているように、神にもさまざまな次元、レベルがあります。ということは、つながっているエネルギーレベルも、まさに天から地まであるのです。当然、つながる神のレベルによって、その力が役立つ場面も役立たない場面も出てくる、ということになります。

これからは、神とつながる程度では、人類と地球は救えません。

神のエネルギーそのものという人間が必要となるのです。

我慢をするな

これからは、レムリア復興の時代ということで、地球と地球人の振動数レベルも大きく変わっていきます。

実際、令和の世になって、平成とはガラっと時代の空気が変わったことを、皆さんもすでにお気づきなのではないかと思います。

アトランティスの力の時代から、レムリアの愛の時代に変わるのです。これは間違いありません。

私自身、かつてのレムリア女王として西表島に行き、レムリアエネルギーを復活させてきました。レムリア、縄文、アイヌのラインを復活させることによって、霊的文明のレムリアがまた世に出てくるのです。

その令和の時代、神ドクターからのアドバイスは、「地球人よ、努力をするな、我慢をするな」です。

これまでの地球社会では、大きな我慢と努力を強いられてきたために、大きな進化も成長も起こらなかったのです。我慢と努力が美化されるということは、魂が抑圧されるということなのですから。

魂が望むことというのは、もうおわかりだと思いますが、楽で愉しいことだけです。楽だけでもダメ、愉しいだけでもダメです。楽で愉しいことさえやっていれば、魂は進化・成長するし、周囲にも必ずプラスの効果を及ぼします。

決して、勝手をやっているのではありません。

自然にことが運ぶだけです。

人生の問題も身体の問題も、自分の魂の意識が、進化・成長のために最適な課題として選んだだけのことです。自分が選んだことなのだから、楽して愉しめばいいのです。

あとがき　この本の内容を信じない人へ

人間は神について考えるとき、とても手の届かない、はるか遠くにいるまったく別の存在だと認識してきました。

実在はしないけれど、いざとなれば頼り、願いを聞いてくれるものとして手を合わせてきたのです。

神というのは、人間を統括するエネルギーです。人類と地球の生命体、植物から微生物まですべてを統括するトップのエネルギーです。私の神エネルギーが、こうしたエネルギーのなかでもさらにトップであることは、すでにおわかりでしょう。

その神のエネルギーで書かれたこの本は、内容的にもあまりにもぶっ飛んでいます。ですから、信じられない人もたくさんいるはずです。

私はそんな人々に、信じてほしいとはいいません。信じられなくてもかまわないのです。

信じるというのは、その人にとって状況がいいときにだけ生じる現象です。

状況が危うくなれば、たちまち疑いや不信に変わるでしょう。

そもそも信じたらダメなのです。なぜなら、「信じる」という脳の意識が働いたのでは何の変化も起こらないからです。

この本から恩恵を受けるであろう読者は、ただ「そうなんだ」と受け入れることができた人だけです。そのときには脳を使いません。脳を使えば、そこには必ず疑いが生まれます。「ここに書かれていることは本当なのだろうか？」と考えはじめたなら、もうダメなのです。

けれども、逆に考えればこれほど楽で愉しいことはありません。

「ああ、そうなんだ」と軽く受け入れるだけで、大宇宙の神の恩恵とサポートをすべて手にすることができるのですから。

この本には、皆さんの常識と固定観念に当てはまらないことばかり書かれています。なぜならこれは、皆さんの脳をぶっ壊すための本だからです。常識と固定観念に凝り固まって、毒された脳をすべて一度破壊し、粉々にするための本なのです。

でも、破壊されたとしても大丈夫です。

この本には神の究極のエネルギーが入っていますから、全部が再び奇跡的に創造されていきます。あなたそのものが、創り直されるのです。

そこは受け入れるという許容をお願いします。

私はドクタードルフィンとして、地球生を賭《か》けています。

この本の内容がウソだったとしたら、すぐにでも地球から消え去ります。そのくらい、強い責任と覚悟を感じながらこの本を書きました。

だから、大丈夫です。

ただ、「そうなんだ」と受け入れてください。

変わるのは、もしかするといまではないかもしれません。明日かもしれないし、1年後、あるいは10年後かもしれません。けれども必ず、宇宙エネルギーの恩恵があなたのもとに舞い降りてきます。

それを感じる日は、必ずくるのです。

神ドクター　ドクタードルフィン　松久　正

ドクタードルフィン　松久正
∞（むげんだい）ishi
鎌倉ドクタードルフィン診療所院長
日本整形外科学会認定整形外科専門医　日本医師会認定健康スポーツ医　米国公認ドクター オブ カイロプラクティック
慶應義塾大学医学部卒業　米国パーマーカイロプラクティック大学卒業
「地球社会の奇跡はドクタードルフィンの常識」の〝ミラクルプロデューサー〟
超神レベルで人類と地球の覚醒を担う高次元存在として、社会と医学を変革する。
超高次元エネルギーのサポートを受け、人類をはじめとする地球生命の松果体を覚醒することにより、人類と地球のＤＮＡを書き換える。
超次元・超時空間松果体覚醒医学 ∞ ＩＧＡＫＵ の対面診療には、全国各地・海外からの新規患者予約が数年待ち。世界初の遠隔医学診療を世に発信する。セミナー・講演会、ツアー、スクール（学園、塾）開催、ラジオ、ブログ、メルマガ、動画で活躍中。ドクタードルフィン公式メールマガジン（無料）配信中（ＨＰで登録）、プレミアム動画サロン ドクタードルフィン Diamond 倶楽部（有料メンバー制）は随時入会受付中、ドクタードルフィンスペシャルエネルギー注入オリジナルグッズをＨＰのオフィシャルショップで販売。
多数の著書があり、最新刊は『死と病気は芸術だ！』（ＶＯＩＣＥ）、他に『ＵＦＯエネルギーとＮＥＯチルドレンと高次元存在が教える～地球では誰も知らないこと～』『幸せＤＮＡをオンにするには 潜在意識を眠らせなさい』（明窓出版）『いのちのヌード』『シリウス旅行記』『これでいいのだ！ ヘンタイでいいのだ！』（ＶＯＩＣＥ）『多次元パラレル自分宇宙』『あなたの宇宙人バイブレーションが覚醒します！』（徳間書店）『からまった心と体のほどきかた 古い自分を解き放ち、ほんとうの自分を取りもどす』（ＰＨＰ研究所）『松果体革命』『Ｄｒ．ドルフィンの地球人革命』（ナチュラルスピリット）『ワクワクからぷあぷあへ』（ライトワーカー）『かほなちゃんは、宇宙が選んだ地球の先生』『ドクタードルフィンの高次元ＤＮＡコード』『ドクター・ドルフィンのシリウス超医学』『シリウスがもう止まらない』『水晶（珪素）化する地球人の秘密』（ヒカルランド）など、話題作を次々と発表。『松果体革命』（ナチュラルスピリット）は、２０１８年度の出版社Ｎｏ１．ベストセラーで海外から出版されている。また、『「首の後ろを押す」と病気が治る』は海外出版もされる健康本ベストセラーとなっており、『「首の後ろを押す」と病気が勝手に治りだす』（ともにマキノ出版）はその最新版。
今後も、多種イベント開催とともに、続々と多くの新刊本を出版予定で、世界で今、もっとも影響力のある存在である。

神ドクター Doctor of God

令和元年 9 月26日　初　版　発　行
令和元年 9 月28日　第 2 刷 発 行

著者　松久正
発行人　蟹江幹彦
発行所　株式会社　青林堂
〒150-0002　東京都渋谷区渋谷 3-7-6
電話　03-5468-7769
編集協力　中村友紀夫
装幀　TSTJ Inc.
印刷所　中央精版印刷株式会社

Printed in Japan

ISBN 978-4-7926-0661-9